Empfang des Heiligen Erasmus durch den Heiligen Mauritius.

Ewald Oetzel

Des Teufels Kardinal
Martin Luthers »Erzschalk« auch ein »Hurenbock«?

Herausgegeben von Holger Krahmer

TAUCHAER VERLAG

Oetzel, Ewald:
Des Teufels Kardinal/ Ewald Oetzel
Herausgegeben von Holger Krahmer
1. Aufl. -[Taucha]: Tauchaer Verlag, 2014.
ISBN 978-3-89772-251-4

Allianz der
LIBERALEN und
DEMOKRATEN
für Europa

© by Tauchaer Verlag
Satz: Tauchaer Verlag
Herstellung: Neumann & Nürnberger GmbH
Druck und Verarbeitung:
Tesinska Tiskarna, a. s.
ISBN 978-3-89772-251-4

Inhalt

Vorwort des Herausgebers

Erasmus von Rotterdam gehört zu den Großen des Zeitalters der Renaissance und des Humanismus. Er stand im Ruf, »Vater des Jahrhunderts« zu sein, ein »Fürst der Wissenschaften« in einer Epoche, in der sich mit der Wiedererweckung antiken humanistischen Ideenguts und seit der Entdeckung Amerikas eine wirtschaftliche, soziale und geistig-kulturelle Wende vollzog. Er war Vordenker dieser, unserer »Neuzeit«. Nur fast 500 Jahre sind vergangen, seitdem er 1531 in einem Brief schrieb, »dass selten ein Zeitalter so toll gewesen ist wie das unsere…« Unsere gute Meinung über ihn und seinesgleichen wird auch nicht gedämpft, wenn er diese Behauptung mit den Worten erklärt, »man könnte meinen, 600 Erinnyen seien aus dem Orkus ausgebrochen, so sehr ist auf weltlichem und kirchlichem Gebiet alles ungesund«. Jede Zeit wurde von der Mitwelt als besonders unruhig und ungeordnet empfunden.

Eine zentrale Gestalt in der ereignisreichen ersten Hälfte des 16. Jhs. war Kardinal Albrecht von Mainz, Erzbischof seines Glaubensbruders Martinus. Ausgerechnet in Halle, unweit von Wittenberg, dem Ausgangsort der konfessionellen Differenzen mit dem aufmüpfigen Gelehrten, ließ er sich nieder. Dessen 95 Thesen waren inzwischen zum weithin bewegenden Ereignis geworden. Martin Luther belebte den Streit mit seinem ärgsten Widersacher immer wieder neu. Er bedachte ihn gelegentlich mit zornigen Worten wie »höllische Braut«, »reißender Wolf«,

»Hurenbock« oder »mainzischer Götze«. Erasmus suchte des Öfteren zwischen beiden zu vermitteln, immer auch die religiösen, politischen, wirtschaftlichen und sozialen Konflikte im Blickfeld, die fast ganz Europa in Unruhe versetzten. »Man sollte nicht jede beliebige Meinung für einen Glaubensartikel halten«, schrieb er. Und: »Gewisse gesetzliche Bestimmungen sollten abgeschafft, andere in Ermahnungen umgewandelt werden.« Er kritisierte die Rechthabereien vieler Zeitgenossen, geißelte Intrigen und eigennützige Machenschaften, auch Engstirnigkeiten, mit denen sich sogar die Gescheitesten ihr Leben und das der anderen schwer machten. Mir scheint, es sind bedenkenswerte Worte, auch für uns Heutige.

Vielleicht lässt sich am besten verdeutlichen, wie man die Worte des Erasmus über die tollste aller Epochen deuten sollte, wenn man auf einen der zynischsten Denker dieser Jahrzehnte hinweist. Seine Gedanken über Moral und Politik brachte, nach eigenen langjährigen Erfahrungen im Dienste der Mächtigen, der Diplomat, Dramatiker, Historiker und Philosoph Niccolò Machiavelli im Jahre 1513 zu Papier: Politik werde unberechenbar, wenn sie sich allein der Gelegenheit anpasse oder sogar einem Zufall beuge. Allgegenwärtig-Unabwendbares müsse jedoch immer Anlass sein, Entscheidungsfreude zu beweisen, Tatendrang, moralische Integrität, Machtbewusstsein. Dauerhafte Basis dafür sei eine fest begründete politische Ordnung, in der sich Moral entfalten könne, eine Sittlichkeit, aus der gestaltende politische Energie erwachse.

Machiavelli war davon überzeugt, dass Alleinherrschaft stets von Hausmachtinteressen geprägt sein wird. Den Gestaltungswillen der Bürger fördern Staatsverfassungen, die die Teilhabe vieler Menschen an politischen Prozessen ermöglichen, ihnen persönliche Freiheit gewähren, genügend Freiräume, um zu verändern, was verändert werden kann oder muss. Ohne Konflikte schwinde politische Aktivität und in mancher Parteibildung sah er eine Bündelung eigenwilliger Interessen, die dem Gemeinwohl schaden. Die Menschheit sei leider viel zu oft zur Beute von Bösewichten geworden, die große Mehrzahl der Menschen sei mehr darauf bedacht gewesen, Unterdrückung zu dulden als sich dagegen aufzulehnen. Aber auch sie hatten die gleichen Leidenschaften wie Menschen eh und je, und alle Begebenheiten seien jederzeit nur Seitenstücke irgendeines Ereignisses der Vergangenheit. Was dereinst auch geschah, den Menschen, den Freuden und Ängsten von gestern ähneln die von heute.»Wir alle tragen Welt in uns«, schrieb Erasmus von Rotterdam, »und da wir irdisch sind, denken und reden wir irdisch.«

Als Herausgeber dreier Veröffentlichungen über die für die sächsische, die deutsche und europäische Geschichte so bedeutende Reformationszeit, die »Martin-Luther-Epoche«, habe ich die Erfahrung gemacht, dass Geschehen von dereinst, auch wenn wir es und seine Protagonisten in einer »Lutherdekade« würdigen, meist Thematik von Tagungen, Stoff lehrhafter Veranstaltungen, Motiv touristischer Exkursionen, Motto von Feiern und Festlichkeiten oder auch nur Bücherwissen bleibt. Was vor 500 Jahren geschah, liege doch viel zu weit weg, hört man oft, und es sei den aktuellen Ereignissen, heutzutage meist globalen Charakters, kaum vergleichbar. Aber wir sind noch längst nicht am Ende der Epoche angelangt, die damals die Neuzeit einleitete. Die vielen politisch-brisanten Probleme, die uns im Lutherjahr 2014 beschäftigen, im Rahmen einer »Lutherdekade« unter dem Leitgedanken »Reformation und Politik«, reichen meist weit über die religiöse Thematik hinaus. Wir befinden uns vermutlich fast am Ende dieser 500-jährigen Anfangsepoche unserer Neuzeit. Auch das Darüber-Nachdenken soll Leitmotiv dieser spannenden Darlegungen über eine Epoche unserer Geschichte mit so herausragenden Persönlichkeiten wie Martin Luther und dessen Widersacher Kardinal Albrecht sein, der immerhin 20 Jahre zu Halle residierte und wie Landgraf Philipp von Hessen und Kurfürst Moritz von Sachsen einer der drei bedeutendsten deutschen Renaissancefürsten war.

Holger Krahmer, Leipzig und Brüssel
Mitglied des Europäischen Parlaments

In geschichtliche Umstände eingebunden

Im August 1513 erlangte Albrecht von Brandenburg das Pallium, ein breites, besticktes Prachtband, das auf den Schultern aufliegt und wie ein Kranz das Haupt umgibt. Es ist Symbol erzbischöflicher Würde. Der erst Dreiundzwanzigjährige wurde Erzbischof von Magdeburg, sieben Jahre vor dem dafür vorgeschriebenen Mindestalter. Nur wenige Wochen später verstieß die Kurie auch noch gegen die Bestimmung, die eine Bistumsanhäufung verhindern sollte. Der Herr des Erzbistums Magdeburg, dem die Bischöfe von Brandenburg, Havelberg, Merseburg und Naumburg unterstellt waren, wurde Administrator des zum Bistum Mainz gehörenden Bistums Halberstadt.

Bald darauf, im März 1514, gelangte der Hohenzollernabkömmling auch noch in das oberste Amt des Mainzer Kurstifts, wiederum mit Hilfe seines mächtigen Bruders, des brandenburgischen Kurfürsten Joachim I., Nestor genannt. Vertraute des Kurfürsten hatten sich in Rom mit Vertretern der Kurie über Beträge für die Aufwendungen geeinigt. Allerdings wären drei weitere Kandidaten ebenfalls in der Lage gewesen, die hohen Gebühren zu zahlen, doch die Mainzer Kanoniker hatten mehrere Gründe, den brandenburgischen Hohenzoller zum Metropoliten ihrer Kirchenprovinz zu erheben. Auf ihnen lasteten viel größere Schulden als auf ihren Amtsvorgängern. Nun zum dritten Mal, in nur neun Jahren, mussten sie die zur Verleihung der Erzbischofswürde erforderlichen Zahlungen an die Kurie entrichten und den mit der Amtseinführung verbundenen Aufwand finanziell absichern. Eine zusätzliche Last war eine immer wieder aufgeschobene Einlösung eines Pfandes: Für 40 000 Gulden hatten sie die Stadt Gernsheim bei Worms dem hessischen Landgrafen überlassen. Kurfürst Joachim I. sagte die für die Rückübertragung nötige Beihilfe zu. Außerdem garantierte er den geistlichen Herren Schutzhoheit über ihr gesamtes Territorium, damit auch über Erfurt, obgleich der sächsische Kurfürst darauf beharrte, das Schutzrecht über die thüringische Metropole stehe – traditionell – allein seinem Hause zu. Dem machtbewussten brandenburgischen Herrscher lag viel daran, dass sein jüngerer Bruder – nunmehr der mächtigste Kirchenfürst des Reiches – in der seit 1509 von rebellierenden Bürgern erschütterterten Mainzer Domäne Erfurt die alte Ordnung wiederherstellte.

Die Blitzkarriere des jungen Hohenzollern, die kirchenrechtlich eigentlich unzulässige Ämterhäufung, vom Papst abgesegnet, erregte den Argwohn der anderen großen Fürstenhäuser. Dass nun zwei der sieben Kurfürsten des Reiches der gleichen Dynastie angehörten, erschien auch Kaiser Maximilian bedenklich. Sein Widerspruch bei Papst Leo hatte jedoch keinen Erfolg.

Erstaunen ob der »wundersamen Erhöhung« des gerade erst zum Priester geweihten jungen Glaubensbruders breitete sich unter Gelehrten aus, obgleich ihnen nicht verborgen geblieben war, dass er wie viele andere seiner Herkunft großes Verständnis für Wissenschaft und Kunst besaß. Er hatte klassisches Latein erlernt, vermochte es zu gebrauchen und befasste sich auch mit dem Altgriechischen. Der

Abkömmling der aus dem Fränkischen stammenden Hohenzollerndynastie hatte am 24.Juni 1506 in Frankfurt an der Oder als Mitregent seines sechs Jahre älteren Bruders an der Gründung einer Universität teilgenommen, der Alma Mater Viadrina. Dem erst Vierzehnjährigen waren am gleichen Tag vom Lebuser Bischof die niederen geistlichen Weihen erteilt worden. Der fortan noch engere Kontakt zu Doktoren beiderlei Rechts und zu Magistern der freien Künste förderte seine musische und geistige Bildung. Theologische Studien waren nicht vorgesehen. Zur Vorbereitung auf ein seiner Herkunft angemessenes geistliches Amt gehörten lediglich zeitweilige Kanonikate in Magdeburg, Mainz und Trier.

Kurfürst Joachim musste im September 1509 Albrechts verschwenderischem Geldausgeben Einhalt gebieten, nachdem er dessen hohe Schulden beglichen hatte. Voller Zorn veranlasste er eine strenge Orientierung seines leichtlebigen Bruders auf ein Verhalten, wie er es von ihm in dem bevorstehenden Jahr der Pflichtresidenz zur Aufnahme in den Kreis der Mainzer Chorherren erwartete. Zur »erhaltung bruderlichen willens« bestand er auf einer Vereinbarung, die beurkundet wurde. Er stattete den Neunzehnjährigen mit einer reichlichen Apanage von 16 000 Gulden aus. Garantie für einen soliden Umgang mit dem Geld war ihm der Begleiter, den er ihm zuordnete, der Hofrat Dietrich von Dieskau. Albrecht durfte nur »thun und handeln«, was Dieskaus »that, wissen und willen« entsprach. Dass er sich den Anordnungen fügte, bestätigten Doktor Dieskaus Berichte an den Kurfürsten. Er lobte den Wandel seines Schützlings, der »guten willen beim Erzbischof, dem mehreren Teil des Kapitels, den

Grafen des Stifts und sonderlich bei dem gemeinen volke« erlangt habe. Freilich, bei einigen Kanonikern kam das nicht gut an; ihnen war Albrecht »zu vill geistlich« geworden.

Eitelwolf vom Stein, Albrechts humanistisch gebildeter Hofmeister – vordem sein Lehrer und Erzieher am elterlichen brandenburgischen Hof –, sorgte im November 1514 dafür, dass dem neuen Mainzer Oberhirten anlässlich seiner Amtseinführung freudige Aufgeschlossenheit entgegengebracht wurde: Den festlichen Aufzug feierte Ulrich von Hutten als Beginn einer »glückseligen Herrschaft«, unter der Wissenschaften und Künste erblühen. Lohn dieser lobrednerischen Erhöhung waren 200 Gulden und die Aussicht auf eine Karriere. Im September 1517 wurde der wortgewaltige Reichsritter Ulrich von Hutten erzbischöflicher Hofrat; er übte dieses Amt bis 1520 aus.

Auch Gelehrte wie Mutianus Rufus und Jakob Wimpfeling stärkten mit ihren Äußerungen Albrechts Ruf eines reformorientierten Geistlichen. Conradus Mutian (Conrad Muth) hatte in Erfurt studiert, sich danach mehrere Jahre in Italien vor allem dem Studium des Neoplatonismus gewidmet. Er ließ sich 1503 in Gotha nieder. Ihm war ein Kanonikat beim Augustiner-Chorherrenstift angeboten worden, das er einige Monate später auch antrat, da sich ihm genügend Freiräume für eigenständiges ideelles Wirken boten. Ihm ebenbürtiger Partner war allerdings zunächst nur der Verwalter des Klosters Georgenthal. 1505 kam Georg Spalatin dazu, ans Gothaer Stift zum Lehrer berufen, vordem Studiosus zu Erfurt wie der Mönch Martinus Luder. Mutianus erweiterte den Kreis der Gleichgesinnten mit der

Gründung des »Mutianischen Bundes«, einer literarischen Gesellschaft, in deren Klause sich mehrere Jahre regelmäßig auch Studierende und Gelehrte der Erfurter Universität einfanden, so Ulrich von Hutten, Eobanus Hessus und Crotus Rubeanus. Ihrem Kreise entstammen beachtliche Teile der 1515 und 1516 veröffentlichten »Epistolae obscurorum virorum«. Die erdichteten »Briefe« sind eine bissige Satire auf spätscholastische Wortklauberei, auf das großsprecherische Getue und dünkelhafte, heuchlerische Gebaren der viri obscuri, der »Dunkelmänner«. Eine zweite Sammlung, nun auch mit größeren Teilen aus Huttens Feder, erschien 1517.

Der aus dem Unterelsass stammende Theologe und Rechtswissenschaftler Jakob Wimpfeling hatte 1497 einen Wegweiser für das Lernen veröffentlicht, eine Didaktik des Lateinunterrichts, ein Jahr danach für die Prinzen der kurfürstlichen Pfalz zu Heidelberg die Schrift »Agatharchia«, einen »Fürstenspiegel« zur Ermahnung, sich christlichen Lehren unterzuordnen, um den Pflichten des Herrscheramtes gewachsen zu sein. Im Jahre 1500 erschien seine pädagogische Hauptschrift »Adolescentia« (Jugendzeit/Jünglingsalter). Den Missständen in Kirche und Reich, der Habsucht des Klerus, einer Verelendung der »einfachen Leute« in Stadt und Land suchte er durch Bildung und Erziehung entgegenzuwirken. Und 1520 lagen auch die Gravamina (»drückenden Lasten«) gedruckt vor, Auflistungen, die er im Auftrag Kaiser Maximilians I. anlässlich des Nürnberger Reichstags zusammengestellt hatte, Beschwerden über schlimme Zustände im Reich, insbesondere kirchliche, denn auch der Kaiser wehrte sich gegen machtpolitische Aktionen des Papstes und der

Kurie. Sie liefen seinen Hausmachtinteressen zuwider.

Zu den zahlreichen Bewunderern Albrechts gehörte der aus dem oberpfälzischen Auerbach stammende Leipziger Doktor der Medizin Heinrich Stromer. Der Erzbischof mache den Mainzer und Aschaffenburger Hof, das »Unterstift« und das »Oberstift«, zu Zentren der Gelehrsamkeit, schrieb er. Albrecht sei ein Kirchenfürst, unter dem Wissenschaften, Frömmigkeit und Ehrbarkeit neu auflebten. Und im September 1519 war Stromer, in seinem Wohnort Doktor Auerbach genannt, sogar der Ansicht, Albrecht sei weise, klug und edel wie dereinst die römischen Kaiser Augustus und Trajan.

Eine der ersten Darstellungen des Kardinals,
Dürers »Kleiner Kardinal« von 1519.

Am 8.Mai 1518 ernannte Papst Leo X. den jungen Mainzer erzbischöflichen Kurfürsten zum Kardinal.

Offiziell vollzog die Erhebung drei Monate später, vor Beginn des Augsburger Reichstages, der päpstliche Legat und Generalobere der Dominikaner Kardinal Thomas de Vijo Cajetan. Großen Beifall fand diese Würdigung Albrechts bei bedeutenden Gelehrten und unter hochgeschätzten Künstlern. Erasmus von Rotterdam dankte in einem Brief dem Kirchenfürsten für die Förderung seiner wissenschaftlichen Arbeiten. Besonderes Lob zollte er Albrechts Zurückhaltung während der Kandidatur für das hohe Amt: »Zugleich gratuliere ich, dass zu Deinen vielen Ehrentiteln die Kardinalswürde als krönende Spitze hinzugekommen ist; dabei war es eine besondere Ehre für Dich, dass Du sie von dem edlen Papst weder durch Kauf noch durch Erschleichung erhieltest, ja so wenig durch Erschleichung, dass Du sie beharrlich zurückgewiesen hättest, wenn nicht die Autorität Kaiser Maximilians Dich bestimmt hätte, sie anzunehmen.« Dem Schreiben fügte er seine Schrift »Über die Art und Weise des Studiums der Theologie« bei. Eigentlich hatte er sie in die Einleitung seiner textkritischen Ausgabe der ältesten griechischen Niederschrift des Neuen Testaments einfügen wollen, die er Papst Leo X. widmete. Nun dezidierte er sie Albrecht mit der Bemerkung, »nicht um... meine Treueverpflichtung loszuwerden, vielmehr um sie durch dieses Unterpfand sozusagen immer fester zu knüpfen...«

Zum Dank für die ihm gewidmete zweite Auflage dieser Texte, die der Urfassung der neutestamentlichen Aufzeichnungen nahekommen, ließ der Kardinal ihm einen vergoldeten Silberbecher zusenden, die damals übliche »Hülle« um einen »güldenen Inhalt«: Gulden, mit denen der Mäzen Albrecht das Wirken des Erasmus förderte, der den Ruf genoss, die »Zierde des Jahrhunderts«, der »Phönix der Gelehrten«, der »Vater der Studien«, ja sogar ein »Fürst der Wissenschaften« zu sein.

Unter dem Pontifikat Leos X. (1513 – 1521), Abkömmling der Dynastie der Medici, war der Vatikan zum glanzvollsten Renaissancehof der Epoche, zum »Stelldichein der Welt« geworden. Gelehrte und Künstler nannten ihn »Hort einer schrankenlosen Freiheit«, andere »das Beispiel aller Laster und Schändlichkeiten«. Sie übersahen nicht den weitverbreiteten Sittenverfall, die Maßlosigkeit des Lebensstils auch vieler Prälaten, deren Geldgier und Prunksucht.

Papst Leo X. mit seinem Neffen, Ausschnitt aus einem Gemälde Raffaels von 1518/19.

»Sammelplatz aller Übel« hatte bereits der Vater Leos X., Lorenzo de' Medici, Rom genannt. Dennoch hatte er seinem zweiten Sohn Giovanni im Alter von sieben Jahren die Tonsur empfangen lassen, um ihn auf die übliche Weise – seine Dynastie war reich – dem innersten Kreis der Kurie zuzuführen. Sieben Jahre später war Leo die Kardinalswürde erteilt worden. Nach einer Nutznießung von immer mehr Benefizien in commendam, »in Abwesenheit«, durfte er sein Amt seit dem 17. Lebensjahr zu Rom ausüben. Einundzwanzig Jahre später, im März 1513, wurde er Papst.

»Hauptstadt der Renaissance« – nach Florenz – war Rom bereits unter Julius II., Leos Vorgänger auf dem Stuhle Petri. Er hatte auch die alte Peterskirche abreißen lassen, um ein neues, gewaltiges Bauwerk, den Petersdom, zum Symbol der Christenheit zu machen. Dessen kostenaufwändige weitere Gestaltung zwang nach kurzer Zeit zu verstärkter Geldbeschaffung mittels des seit Jahrzehnten unter den Renaissancepäpsten üblichen Verkaufs von Ablassbriefen zur Minderung der abzubüßenden »zeitlichen« Strafen für begangene Sünden, aber auch für noch bevorstehende. Im Jahre 1517 wurde aus diesem »Handel« ein besonders skandalöses Geldgeschäft, nachdem unter seinem Nachfolger der Weiterbau des Doms ins Stocken geraten war.

Eine andere Art Kreditaufnahme war seit Jahrzehnten die Erweiterung des Kardinalskollegiums. Einunddreißig neue Kardinäle ernannte Leo X. im Juli 1517, vornehmlich hochgebildete Männer, von denen sich aber nur einige eines frommen Lebenswandels befleißigten. Die meisten waren erfahren auf politischem und diplomatischem Parkett und Förderer der Künste und Wissenschaften. Fast alle hatten sich die neue Würde Beträchtliches kosten lassen, der Dichter und Arzt Ponzetti z. B. 30 000 Dukaten.

Erasmus, der unentwegt den Mächtigen dieser Welt eine »großzügige Lauterkeit« des Denkens und Handelns nahelegte, war davon überzeugt, dass bei Albrechts Ernennung der übliche Schacher um einen Kardinalshut keine Rolle gespielt hatte. Tatsächlich hatte diesmal politisches Kalkül dafür den Ausschlag gegeben. Der Mainzer und Magdeburger Metropolit und sein ebenfalls einflussreicher und mächtiger Bruder Kurfürst Joachim I. von Brandenburg konnten für den Kirchenstaat wichtige Verbündete sein. Wie seine Vorgänger musste Leo X. immer wieder seine weltlichen Machtbefugnisse über zahlreiche Regionen Mittelitaliens gegen die Expansionsbestrebungen anderer italienischer Herrscherhäuser mit List und Gewalt behaupten – ein besonders schwieriges Unterfangen in dieser unruhvollen Zeit, in der diplomatische Manöver oft nicht ausreichten, sich zudem der Expansionspolitik zweier großer Rivalen, des französischen Königshauses und der Habsburger Dynastie, zu widersetzen.

»Erasmisch geprägten Hang zum Ausgleich« legte Albrecht bereits in den ersten Jahren seines Wirkens zu Mainz und Aschaffenburg an den Tag. Gleich zu Beginn seines Episkopats ordnete er Visitationen der Kollegiatsstifte, Klöster und Pfarreien an. Ihre Ergebnisse führten zu Ausführungsbestimmungen für eine Reform. Sie gelangten jedoch nie zur Wirkung. Ebenso versandete ein Mandat aus dem Jahre 1515, das finanzielle Spekulationen verhindern sollte, insbesondere im Handel mit Liegenschaften. Erfolgreich verlief eine andere Aktion: Albrecht veranlasste die Übernahme »modernen«, humanistisch geprägten römischen Rechts in die

Richtlinien für die Arbeitsweise der Gremien seines Erzbistums. Seinen Hofmeister Eitelwolf vom Stein ließ er eine Ordnung für das 1515 von ihm eingesetzte Mainzer Hofgericht ausarbeiten. Die ihm zugrundeliegenden Prinzipien wurden 1534 auch auf die untergeordneten Instanzen übertragen. Das Reformwerk wurde wegweisend für andere Reichsterritorien, sodass es in seinen Grundzügen bis 1803 wirksam blieb.

Für Martin Luthers Anliegen gegen Ende des Jahres 1517, für dessen theologische Problematik zeigte Erzbischof Albrecht kein Interesse. Mit wochenlanger Verzögerung waren ihm Luthers 95 Thesen zugestellt worden. Das Aufsehen, das sie erregten, missfiel ihm. Professoren der Mainzer Universität, denen er sie zur Begutachtung vorlegen ließ, hielten einige für falsch, die meisten für bedenkenswert. Der Herr zweier Kirchenprovinzen reichte im Dezember 1517 das Gelehrtenurteil und die »unliebsa-

Martin Luther im Jahre 1520, Zeichnung von Lucas Cranach d. Ä.

men Schreibereien« des Augustiners Martinus nach Rom weiter – ungelesen, wie einige behaupteten. Er hatte sie allerdings mit dem Vermerk versehen, der Wittenberger Mönch verbreite »neue irrige Lehren«. Dennoch befolgte er die Empfehlungen einiger Räte seines magdeburgischen Erzstifts, Geduld zu üben, wie der Schriftgelehrte Gamaliel aus der Apostelgeschichte: »Ist der Rat oder das Werk aus den Menschen, so wird's untergehen. Ist's aber aus Gott, so könnt Ihr's nicht dämpfen...«

In einem Schreiben, das Kardinal Albrecht Anfang November 1519 erreichte, wandte sich Erasmus von Rotterdam gegen das »Geschrei in einer Sache«, von der die Unruhestifter gar nichts verstünden, da sie »in den Schriften Luthers vieles als häretisch verurteilten, das man bei Bernhard von Clairvaux und Augustin als orthodox, ja, als fromm liest«. Erasmus ermahnte den Kirchenfürsten: »Schließlich ist es doch wohl christlich, Luther so wohlzuwollen, dass

Desiderius Erasmus v. Rotterdam, Zeichnung Dürers von 1526.

ich ihn nicht von den Parteien der Bösen unterdrückt sehen möchte, wenn er unschuldig ist; irrt er aber, so möchte ich ihn auf den rechten Weg gebracht, nicht vernichtet sehen; denn das passt besser zum Beispiel Christi...« Das Schriftstück und einige andere hatte er Ulrich von Hutten aushändigen lassen, mit der Bitte, sie den Adressaten zuzuleiten. Doch Hutten ließ den Brief, der Luther zugereicht werden sollte, drucken und veröffentlichen – ein Vertrauensbruch, den Erasmus ihm nie verzieh. Er wollte »oberhalb des Getümmels« bleiben, nicht in den Ruf geraten, Initiator einer neuen Anti-Ablass-Kampagne zu sein. »Ich verhalte mich, soweit ich kann, neutral, um besser die wiederaufblühenden Wissenschaften fördern zu können, und glaube, dass durch kluge Zurückhaltung mehr erreicht wird als durch Einmengung.« Dabei hatte er im Jahre 1509 sich bereits selbst als Häretiker »hervorgetan«. In »Lob der Torheit« ließ er Ketzereien aus dem Munde der »Torheit« verkünden – sogar diese: »Die Menge der untergeordneten Priester sieht es natürlich als Unrecht an, hinter der Frömmigkeit der Prälaten zurückzubleiben, und wie kriegerisch kämpft diese Schar darum mit Schwertern, Wurfspießen, Steinen und allen erdenklichen Waffen, wenn es das Recht des Zehnten gilt! Wie scharfäugig spähen sie umher, ob sich nicht in den Schriften einige Stellen finden lassen, durch die sie ihrem Völkchen Angst einjagen und beweisen können, dass man ihnen noch weit mehr als den Zehnten schulde!... Im Übrigen wälzen sie alle schwierigen Geschäfte klug auf fremde Schultern... Ebenso laden die Päpste, die unermüdlich tätig sind, Geld einzusammeln, alles, was ihr Amt an apostolischer Mühsal und Beschwerlichkeit bringt, auf die Bischöfe, die Bischöfe auf die Pfarrer, die Pfarrer auf die Vikare, die Vikare auf die Bettelmönche und diese schließlich auf geistliche Hirten, die sich recht wohl darauf verstehen, die Schafe zu scheren.«

Was Erasmus zwei Jahre nach der Veröffentlichung der Thesen des Wittenberger Gelehrten dem Kirchenfürsten zu bedenken gegeben hatte, veranlasste Albrecht, am 26.Februar 1520 Martin Luther doch noch zu antworten: Seine Schriften zu lesen, das müsse er anderen überlassen – er habe dazu keine Zeit. Er bitte ihn jedoch, »im Bemühen um Änderungen« anständig und bescheiden zu bleiben, böse Worte zu vermeiden. Streitigkeiten dürfe man nicht provozieren; sie gereichten der Frömmigkeit zum Schaden, zumal es um »Kleinigkeiten« gehe. Vor allem möge er sich davor hüten, in Zweifel zu ziehen, was auf Konzilien entschieden wurde.

Am 15.Juni 1520 unterzeichnete Leo X. die Bulle, die Luther den Bann androhte. Nur wenige Monate danach fügte sich Albrecht einer Anordnung des Papstes. Dessen Nuntius Aleander sollte am 19. November lutherische Schriften auf dem Mainzer Marktplatz verbrennen lassen. Hermann-Josef Braun schildert die Episode aus dieser »Epoche des Umbruchs«: »Der vorangehende Gottesdienst im Dom wurde massiv gestört, Aleander verhöhnt. Als der Henker auf dem Marktplatz den Scheiterhaufen mit den Publikationen Luthers anzünden wollte, kam es zum Eklat. Unter dem Jubel der Menge weigerte sich der Henker, seine Arbeit zu verrichten. In seinem Zorn bedrohte Aleander alle mit dem päpstlichen Bann und wäre von der aufgebrachten Volksmasse beinahe gesteinigt worden. Nur mit Mühe entkam der Nuntius dem Tumult. Erst am folgenden Tag konnte in Mainz die Verbrennung dann in aller Stille durchgeführt werden.«

Die Antwort Luthers erfolgte am 15. Dezember vor dem Elstertor Wittenbergs, wohin dessen Mitstreiter Philipp Melanchthon Professoren und Studenten der Universität zu einem »frommen Schauspiel« eingeladen hatte. Jubel brandete auf, als ein Scheiterhaufen lichterloh brannte und Schriften von Eck und Emser und auch die drei Bände des »Kanonischen Rechts« in die Flammen geschleudert wurden. Das Finale vollzog Luther selbst. Er warf die »allerruchloseste Bulle« des Papstes in die Lohe. Nach der Aktion schrieb er seinem Freund und Mitarbeiter Georg Spalatin, der seit 1515 auch Sekretär und Berater des Kurfürsten Friedrich war, er habe sich zu dieser Aktion entschlossen, damit »die papistischen Brandstifter merken, es sei keine große Kraftleistung, Schriften zu verbrennen...«.

Albrecht gehörte auf dem Wormser Reichstag nach Luthers Auftritt zu denen, die aus taktischen Erwägungen dem Kaiser nahelegten, die Reichsacht nicht sofort zu erklären. Sie verhinderten damit, dass Luther am 19. April 1521 an Ort und Stelle in Haft genommen wurde, um der Inquisition überstellt zu werden. Freilich – Albrechts Verhalten in der »Luther-Sache« war zwiespältig. Im Juni 1520 hatte er geduldet, dass in seiner Erzdiözese zu Mainz Schriften des Wittenberger »Ketzers« verbrannt wurden, obwohl mehrere Amtsträger seines eigenen Bereichs dessen kritischer Sicht beipflichteten. Waren sie es, die in der Nacht vom 28. zum 29. April am Rathaus zu Worms, vor der Verkündung des Edikts, eine plakative Schrift anbringen ließen, eine Warnung für die »Herren Romanisten«, die »Papsthörigen«? 400 Berittene und 800 Fußknechte vor den Toren der Stadt seien bereit, den mutigen Glaubensstreiter zu schützen.

Dem »Zeitgeist« zollte Albrecht von Brandenburg immer wieder Tribut. Auf päpstliche Weisung hatte er im Juli 1520 seinen Hofrat Ulrich von Hutten, den im ganzen Reich hochgeschätzten Humanisten und Publizisten, entlassen und des Landes verwiesen. Hutten hatte seit 1519 immer schärfer vor allem gegen die »römisch-fiskalische Zwangsherrschaft« polemisiert und Anfang 1520 mit der Schmähschrift »Trias Romana« der Geldgier der Kurie auch die hohe Verschuldung angelastet, in der das Mainzer Erzbistum steckte. Nun nahm Erzbischof Albrecht, sogar auf Anraten Huttens und Stromers, einen der angesehensten Freunde des 1517 von Kaiser Maximilian zum Dichter gekrönten Reichsritters in seinen Dienst, den promovierten Mediziner und Juristen Fabricius Köpfel (Wolfgang Capito), bis dahin Theologieprofessor und Domprediger zu Basel, und das, obwohl ihm bekannt sein musste, dass Capito sich von einigen Praktiken und Lehren der Papstkirche bereits zu distanzieren begann.

In der Bulle Leos X. war Albrecht mit der Vollstreckung der über Luther verhängten Ächtung beauftragt worden. Warum er den Erlass der Reichsacht im Mai 1521 nicht mitunterschrieb, darüber lässt sich nur rätseln. Er war vorzeitig abgereist – vor der Verkündung des Wormser Edikts. Waren die lutherfreundlichen Mitarbeiter an seinem Hof so stark, dass es ihm ratsam erschien, sich »neutral« zu verhalten? Immerhin – Albrechts engster Mitarbeiter Wolfgang Capito verhinderte in den erzbischöfli-

Bannbulle Leos X. wider Martin Luther.

chen Amtsbereichen die strikte Befolgung des Gebots, das über den seit dem 3.Januar 1521 mit dem
Kirchenbann belegten Martin Luther die Reichsacht
verhängte und seine Schriften verbot. Er brachte den
Kirchenfürsten, der in Halle an der Saale zu residieren begonnen hatte, sogar dazu, den offen zutage
tretenden evangelisch-lutherischen Bestrebungen in
Erfurt und Magdeburg keine allzu große Aufmerksamkeit zu schenken, Zurückhaltung zu wahren. Er
empfahl ihm, die Arbeiten an seinem Großprojekt,
dem Neuen Stift in Halle, zu beschleunigen. Gleich-
zeitig verstärkte der Mainzer Hof seine Bemühungen, Albrechts öffentlichem Ansehen deutlichere
Konturen zu verleihen. Er sei gutwillig, lernbereit,
reform- und wandlungsfähig, aber stets auch ein
Mittler, auf Ordnung bedacht – im Geiste des Erasmus von Rotterdam.

Doch wiederum kam es zu einem »Störfall«. In
seinem Versteck auf der Wartburg erfuhr Luther im

September 1521, dass sich in unmittelbarer Nähe seines Vikariats erneut der Hort des widerlichen Geschäfts mit dem Seelenheil der Gläubigen auftue, da Albrecht beabsichtige, dort mit der zweiten »Weisung« des rasch erweiterten »Gnadenschatzes« seiner »Heiltümer«-Sammlung den Gläubigen den vom Papst erneut genehmigten Erlass von Sündenstrafen zu ermöglichen. Er würde wütend. Dem »mainzischen Götzen« mit seinem »Hurenhaus in Halle« werde er die Suppe versalzen, schrieb er seinem Wittenberger Freund und Mitarbeiter Georg Spalatin. Schon im Oktober verlieh er mit der Schrift »Wider den Abgott zu Halle« seinem Zorn deutlichen Ausdruck. Einem reißenden Wolf müsse man sich zur Wehr setzen, erklärte er. Capito und Stromer wollten die Veröffentlichung verhindern; sie vermochten nicht, Luther zu besänftigen.

Grobe Worte waren zeitgemäß. Auch Luthers ärgste Feinde nahmen kein Batt vor den Mund. Für sie war der Ablassgegner der Zerstörer des Glaubens, der Antichrist. Eine ihrer ersten Schmähschriften gegen ihn kam aus Rom. Im Jahre 1518 griff der Mönch und Theologieprofessor Sylvester Mazzolini, auch Sylvester Prierias genannt, mit seinem »Dialogus de potestate papae« den Wittenberger Gelehrten an. Höllisch sei dieses Gerede über die Macht des Papstes, entgegnete Luther. Er versah das Werk Mazzolinis mit Vorwort, Nachwort und Randbemerkungen, sorgte für einen Nachdruck und und dessen rasche Verbreitung. Er goss damit Öl ins Feuer, denn ganz im Ton des 58. Psalms (Gott ist noch Richter auf Erden) ließ er seinem Zorn freien Lauf: »Wenn wir die Diebe mit dem Galgen, die Räuber mit dem Schwert, die Häretiker mit dem Feuer strafen, warum greifen wir nicht viel mehr diese Magister des Verderbens, diese ganze Dreckansammlung des römischen Sodom, die die Kirche Gottes ohne Ende zerstört, mit allen Waffen an und waschen unsere Hände in ihrem Blut…?«

Luther als Sprachrohr des Teufels, Holzschnitt von Erhard Schoen, 1535.

In der alljährlich am Gründonnerstag zu Rom veröffentlichten Liste der »Besudler des Herrn« wurde 1521 Luther zum ersten Mal nach Wicliff und Hus genannt, als einer der schlimmsten Frevler. Der Verketzerte, in seinem Versteck auf der Wartburg, übertrug die Bulle sofort ins Deutsche, versah sie mit Kommentaren, schickte sie nach Wittenberg an Spalatin, der für den Druck sorgte. Als »Bulla vom Abendfressen des allerheiligsten Herrn, des Papstes« ließ er dieses »Machwerk« dem Heiligen Vater übersenden – eine Groteske, denn nach dem »Fressen« flucht, wütet und tobt der Herr der Christenheit, sturzbesoffen, in wüstem Latein.

Das Schreiben Luthers an Albrecht vom 1.Dezember 1521, das Wittenberger Freunde des in geheimer Klause Lebenden dem Adressaten zuleiteten, ist ebenfalls deutlich genug: Er werde dem »Spielchen«, das der Erzbischof betreibe, mit einem eigens auf ihn bezogenen begegnen, das ihn bloßstelle. Es werde ihn dem Gelächter preisgeben. Und ein Geschrei werde sich erheben, warum die Bischöfe nicht erst die Balken rissen aus ihren Augen und »ihre Hurn von sich trieben«. Der Erzbischof müsse sofort aufhören, Priester zu bestrafen, die geheiratet haben. Ein Ende haben müsse das erneute Ablassgefeilsche, mit dem er das Evangelium schände!

Schon bald darauf wurde Luther ein Antwortschreiben vom 21. Dezember zugestellt, diesmal sogar mit der Anrede »Lieber Herr Doktor«. Der Kardinal lenkte ein. Auch er bemühe sich um Gottes Gnade, ohne sie sei er doch nur ein armer, sündiger Mensch, ja sogar »ein unnützer stinkender Kot«. – Mit Albrechts Brief an Luther waren zwei Schreiben Wolfgang Capitos an Philipp Melanchthon und Justus Jonas nach Wittenberg gelangt. In ihnen beklagte sich Albrechts Vertrauensmann darüber, dass Luther den Kardinal mit so harten Worten angehe. Das habe er nicht verdient. Schließlich sei es dessen Zurückhaltung zu verdanken, dass Luther weiterwirken könne. Er, Capito, habe den Kardinal dazu gebracht, vieles dem Lauf der Zeiten zu überlassen, darauf zu vertrauen, dass sich der Bereitschaft zur Verständigung Freiräume erschließen. Dem Kardinal gehe es um seinen guten Ruf; er sei bereit zu ehrlichem Wandel, habe nun sogar Luthers »Sermon von den guten Werken« gelesen. Er habe eingesehen, dass die Ablassverkündung unpassend war; er habe sie einstellen lassen. Er sei auf gutem Wege. Man möge ihn durch persönliche Angriffe nicht in die Arme der Gegner treiben.

Im Wittenberger Reformatorenkreis erweckten Capitos Worte neue Zuversicht. Wirkung zeigte auch die seit Monaten betriebene Imagekampagne der Mainzer Hofräte zugunsten ihres Erzbischofs. Während Martin Luther in der Kemenate auf der Wartburg seinem Zorn über die »Abgötterei« Albrechts Ausdruck verlieh, gab Andreas Karlstadt in Wittenberg eine Schrift in Druck, mit der er verkündete, Erzbischof Albrecht habe »die Evangelische warheit mit ernst tzu lesen und (zu) erwegen« begonnen. Er sah sogar den Anfang vom »Ende des römischen Jochs« gekommen. Von Albrecht sei nun zu erwarten, dass er in diesem Sinne das »obirste und aller erlichst Bischoffampt« ausübe. Auch Justus Jonas schrieb am 1.Januar 1522 an Capito, er und seine Wittenberger Freunde seien voller Hoffnung, der Kardinal werde ein Beispiel geben.

Mit dem Mediziner, Juristen und Theologen Capito war sich Kardinal Albrecht zu dieser Zeit zweifellos darin einig, »dass Volk und Klerus reformiert werden sollten, und zwar in Ruhe und unter Beibehaltung der bisherigen kirchlichen Gebräuche«. Er förderte seinen Vertrauensmann. Er ließ ihn adeln und verschaffte ihm 1523 das gut bezahlte Amt des Propstes zu St. Thomas in Straßburg. Nachfolger Capitos am Mainzer Hof wurde Johann Caspar Hedio, ebenfalls »lutherfreundlich«.

Doch Albrecht »korrigierte« wieder seinen Kurs: Er befolgte den Nürnberger Reichsabschied und das Reichsmandat vom 6.März 1523. Unmissverständlich erklärte er seinen Untergebenen, »dass das heilig evangelium und die heiligen apostel nach auslegung der schriften von der heiligen cristlichen kirchen approbirten und angenomen lerer gepredigt und gelernt werden sollen«. Fühlte er sich gedrängt, dem hinzuzufügen, diesen Auftrag ernst zu nehmen? Bereits Ende 1520 hatte der päpstliche Nuntius Aleander in einem Bericht an seinen Dienstherrn zu Rom den Mainzer Erzbischof verdächtigt, er bevorzuge Räte, »die... gegen Luther zwar als Feinde reden, aber als Freunde handeln«.

Im kurmainzischen Miltenberg wurden seit 1523 Anhänger Luthers verfolgt. In einem Schreiben an den Erzbischof und Kardinal gebrauchte der Reformator gegen die Initiatoren des verleumderischen Treibens deutliche Worte. Dennoch sei er zuversichtlich, dass sich alles zum Besseren wende, denn der Erzbischof sei nicht so, wie »etliche Wölfe und Löwen« an seinem Hofe. Ende des Jahres 1524 überraschte Albrecht sogar den Bruder des sächsischen Kurfürsten, Herzog Johann von Sachsen, mit Lobesworten auf Luther; ihm sei es zu verdanken, dass in Magdeburg nicht noch größere Unruhen ausbrachen. Johann war Diplomat genug, die familiäre Atmosphäre der Begegnung nicht zu trüben; die Äußerung Albrechts kommentierte er später: Er nannte ihn »einen Fuchsschwanz« (Feigling) und »Pharisäer« (Heuchler).

Aus anderer Sicht beurteilte Albrechts Verhalten im Jahre 1527 Luthers Freund und Mitstreiter Philipp Melanchthon: Er lobte den Primas Germaniae dafür, dass er nicht wie andere Bischöfe Gewalt gegen Lutheraner gutheiße.

Im Jahre 1529 widersetzte sich Erzkanzler Albrecht der vom Kaiser geforderten direkten religionspolitischen Konfrontation mit einem eigenen Konzept. Herzog Wilhelm von Bayern, der sich für einen Interessenausgleich mit den Protestanten bereit gezeigt hatte, schien ihm der geeignetere Kandidat für die Wahl zum König des Heiligen Römischen Reiches Deutscher Nation zu sein als Karls V. jüngerer Bruder, Erzherzog Ferdinand, seit Jahren schon Mitregent des Herrschers als Lehnsherr der habsburgischen Stammlande. Doch ein Jahr später entschied sich Albrecht für den Habsburger, denn der bayrische Wittelsbacher paktierte mit evangelischen Ständen einiger Städte. Albrecht sah darin eine Gefahr für die von ihm erstrebte einheitliche Reichskirche.

Auf dem Augsburger Reichstag des Jahres 1530 bemühte er sich um »Friedstand« im Konfessionsstreit, nun vor allem angesichts der erneuten Gefahr durch die über Ungarn vorrückenden türkischen Heerscharen. Aber es kam nicht einmal zu einem beiderseitigen Respektieren der Standpunkte. Karl V. hatte mit Papst Clemens VII. einen Friedensvertrag geschlossen, dem dessen französischer Bündnispartner zustimmte. Nun wollte der römische Kaiser, der sich am 24. Februar zu Bologna vom Papst hatte krönen lassen, endlich auch dem Konfessionsstreit in seinem deutschen Machtbereich ein Ende bereiten. Aber nur die katholischen Stände bestätigten den Reichsabschied vom 19. September, die evangelischen waren bereits zutiefst enttäuscht abgereist. Bei der Verkündung des Beschlusses drei

Tage später wurde den Abtrünnigen eine Frist gesetzt: Wer sich bis zum 15.April 1531 nicht von seinen »Abirrungen« freimacht und wieder dem »wahren Glauben« zuwendet, begeht Landfriedensbruch. Dem Reichskammergericht war u. a. der Auftrag erteilt worden, gegen Säkularisierungen geistlicher Besitztümer einzuschreiten. Drohte den evangelischen Ständen die Reichsexekution? Luther war entsetzt über dieses Machtgebaren. »...Wird ein Krieg draus, so werde er draus; wir haben genug gebeten und getan«, schrieb er in einem Brief an Justus Jonas. Aber gibt es »in Sachen der Religion« überhaupt ein Widerstandsrecht für Christen gegenüber »unbilligen Beschwerungen« durch weltliche Herren? Ende Oktober 1530 disputierten darüber Juristen und Theologen – unter ihnen auch Luther – in Torgau. Einen Monat vorher hatten auf Einladung des hessischen Landgrafen Philipp und des Kurfürsten Johann von Sachsen bereits fünf Fürsten und die Vertreter dreier niederdeutscher und acht oberdeutscher Städte in Schmalkalden ihre Möglichkeiten erörtert, sich den vom Kaiser angedrohten Reichskammergerichtsprozessen, aber auch militärischen Strafaktionen zu widersetzen. Sie gründeten am 27.Februar 1531 ein Verteidigungsbündnis, den Schmalkaldischen Bund, auf sechs Jahre befristet.

Im September 2006 hob Kardinal Lehmann die Bemühungen Albrechts um einen Ausgleich zwischen den streitenden Parteien hervor. Martin Luther habe sich 1530, »als einer der letzten großen Einigungsversuche im Zusammenhang der Confessio Augustana (Augsburger Bekenntnis) missglückte«, am 6. Juli an seinen Erzbischof gewandt, weil er in ihm den fast einzigen Mittler sah, der Frieden und Eintracht herstellen konnte. Tiefe Tragik und zugleich hohes Versagen überschatte jedoch das Wirken Albrechts. Er war »so in die geschichtlichen Umstände seiner Zeit eingebunden…, dass er den notwendigen Dienst am Evangelium, das nicht im Zeitgeist aufgehen darf, nicht wirkungsvoll ausüben konnte«.

Dem Erzbistum Mainz waren zwölf Bistümer zugeordnet. Zur größten deutschen Kirchenprovinz gehörten Territorien von den Alpen bis fast an die Nordsee. Erzbischof Albrecht, dem Erzkanzler, oblag im Heiligen Römischen Reich die Leitung des Direktoriums der Reichstage, auf denen Vertreter der Reichsstände in drei Kurien – dem Kurfürstenkollegium, dem Reichsfürstenrat und dem Reichsstädtekollegium – sich zu Beratungen zusammenfanden, um notwendige Schritte herrschaftlichen Wirkens mit dem Herrn des Reiches auszuhandeln. Gesetzeskraft erlangten sie mit einem »Reichsabschied«, den der König/Kaiser verkündete.

Die drei geistlichen Kurfürsten und der Kaiser im Krönungsornat.

Albrecht leitete auch den Kurfürstenrat. Er war Sprecher der Reichsstände gegenüber den Beauftragten des Kaisers, der über ein »Universalreich« herrschte. Spanien gehörte dazu, seit Ende September 1519 sogar »Neu-Spanien« im mexikanischen Hochland. Albrechts Kanzlei koordinierte die Aktivitäten der autonomen Reichsstände zur Ausgestaltung der Reichspolitik in dem vorwiegend deutschsprachigen Teil, im Heiligen Römischen Reich, das im Jahre 1485 in einem Erlass erstmals mit dem Zusatz »deutscher Nation« gekennzeichnet worden war.

Der nach dem Kaiser mächtigste Amtsträger des Reiches war demzufolge »politischer Weichensteller«. Stets waren von ihm »Anpassungsfähigkeit, Beharrlichkeit und Ausgleichsbereitschaft« gefordert, wollte er nicht zwischen die Fronten geraten. »Der Reichserzkanzler musste Kompromisse suchen, Vergleiche vorbereiten und darauf achten, dass sich die zahllosen ständischen und konfessionellen, fiskalischen und politischen Konflikte im Reichs-Staat nicht zu einer Konfrontationsebene überlagerten und er nicht einseitig Partei wurde«, konstatierte der Historiker Georg Schmidt, und er betonte: »Wie der Kaiser gründete auch der Erzkanzler seinen Einfluss weniger auf Macht als auf Verfahrenshoheiten, Stellenbesetzungen und permanente Vermittlertätigkeit.« Ab 1530 unterstand Albrecht auch die Kanzlei des Reichskammergerichts.

Seinen Handlungsspielraum verteidigte Albrecht vor allem durch ständiges Bemühen um einen Ausgleich der Interessen, gelegentlich durch geschicktes Taktieren, so gegenüber dem Papst und dem Kaiser, den beiden Herren, denen zu dienen er verpflichtet war. Als Karl V. ihn im Jahre 1520 aufforderte, seinen ständigen Aufenthalt in die Nähe des Hofes im westlichen Europa zu verlegen, beharrte er auf der Amtsführung »vor Ort«. Allein die Befugnis über die Aufbewahrung des Reichssiegels ließ er sich regelrecht abkaufen, aber erst nach der Gewissheit, dass der Reichstag das politische Geschehen im Reich weiterhin steuerte, Zentrum der Reichspolitik blieb und die Zuständigkeit der mainzischen Kanzlei für die ihm als Erzkanzler obliegenden Aufgaben nicht angetastet wurde.

Seit seiner Ernennung zum Kardinal mühte sich Albrecht um eine weitere Erhöhung seiner reichspolitischen Position. Immer mehr reformwillige Glaubensbrüder erwarteten von ihm nicht nur geistlichen Beistand. Sie erhofften von ihm Vermittlung im Glaubensstreit, aber auch Eigenständigkeit auf politischem Parkett, vor allem in Hin und Her der machtpolitischen Querelen zwischen Rom und dem Kaiser. Im Bestreben, sich der Kurie unentbehrlich zu machen, gelang es ihm sogar, seine Verpflichtungen gegenüber dem Kaiser nicht zu vernachlässigen. Der geistliche und weltliche Herr großer, kleinerer und kleiner Bereiche weithin über das Reichsgebiet, der Primas Germaniae, mühte sich um Eigenständigkeit. Er erstrebte eine Legatur auf Lebenszeit, um Patriarch einer Reichskirche zu sein – im Namen des Papstes. Der Abkömmling eines der mächtigsten deutschen Fürstenhäuser sah darin eine Chance für die Erhaltung der traditionellen ständischen Freiheiten gegenüber den universalen Herrschaftsansprüchen des Kaisers.

Böse Geschichten

In eine erste »böse Geschichte« geriet der junge Mainzer und Aschaffenburger erzbischöfliche Resident durch die Unterstützung eines »Dissidenten«. Er hatte den »Prototyp der Teufeleien im Gewand der Ehrbarkeit«, den Reichsritter Franz von Sickingen, mitsamt »sechs reysigen pferden, einem Knaben, vier reysigen Knechten wol gerüst« eine Zeitlang in seinen Dienst genommen, wie andere große Herren auch, die für einen tatkräftigen Feldhauptmann Verwendung hatten. Das Mainzer Erzstift bezahlte ihm die Bereitschafts- und Schutzdienste mit 150 Gulden jährlich, damals eine durchaus beachtliche Summe auch für einen Rittersmann, der den 1505 ererbten Familienbesitz – Ebernburg, Hohenburg und Landstuhl – inzwischen beträchtlich erweitert hatte, aber nun nach der beschwerlichen und risikoreichen kleinweisen Mehrung seines Eigentums sich wahrhaft ritterlicher Verrichtungen größeren Stils zu befleißigen gedachte. Das uralte Recht seines Standes, eigenen Interessen gegebenenfalls mit dem Schwert Geltung zu verschaffen, wollte er sich nicht nehmen lassen. »Ich lass mir nicht unterm Hütlein spielen«, erklärte er. Und das sollte heißen, er lasse sich nicht durch Hütchenspieler-Tricks für dumm verkaufen. Der Herr wehrhafter Burgen erklärte seine Fehdebereitschaft, obwohl ein Reichsgesetz dem niederen Adel untersagt hatte, in eigener Sache zum Schwert zu greifen. Unter seinesgleichen galt noch immer das Faustrecht. Ebenso ritterlich war es, Unschuldigen Schutz zu gewähren,

Schutzsuchende nicht in die Fänge Machtbesessener geraten zu lassen. Einige Territorialherren hatten das Sagen im Reich. Der Ritterstand, einst dessen Stütze, sah sich am Rand der ständisch gestaffelten Hierarchie.

Im Jahre 1514 entzog der städtische Rat zu Worms einem bischöflichen Hofnotar sein Hab und Gut, da er einen Aufruhr angezettelt hatte. Über das Territorium des zur Reichsfreiheit gelangten Patriziats sollte wieder der Bischof verfügen. Der Aufmüpfige musste fliehen, fand Schutz bei dem Reichsritter Franz von Sickingen und übertrug ihm, altem Recht gemäß, einen beträchtlichen Teil seines Vermögens. Nun verlangte der auf althergebrachte Weise Beschenkte sein neues Eigentum von den Stadtherren zurück und selbstverständlich auch das seines »Mandanten«. Er erklärte sich zum »Streiter für die Gerechtigkeit«, erhob Klage. Doch das Reichskammergericht wies ihn ab. Mit höflichen Schreiben an

Franz von Sickingen.

- 38 -

die Kontrahenten bemühte sich Franz von Sickingen um eine gütliche Einigung. Vergebens! Daraufhin ließ er vor den Toren von Worms Kaufleute abfangen und auf seiner Ebernburg in der Nähe von Kreuznach (oberhalb der Mündung der Alsenz in die Nahe) einsperren. Das war Landfriedensbruch. Der Rebell verfiel der Reichsacht.

Wiederum auf althergebrachte Weise antwortete der Störenfried: Er belagerte mit 7 000 Reisigen die Stadt, hatte aber zu wenig Geschütz, um sie sturmreif schießen zu lassen. Er ließ die umliegenden Fluren verwüsten. Erst 1517 gab er sein Vorhaben auf; es gelang ihm der Abschluss eines Waffenstillstands. Sein Ruf als Meister des Kriegshandwerks war jedoch gefestigt. Für ihn gab es in dieser »Branche« fortan viel zu »verdienen«. Sein Bruder Franz sei »in allen bürgerlichen und Kriegshändeln anstellig«, behauptete sein Schwager Philipp von Flersheim voller Verständnis für diese Art von Geschäftssinn.

Auch der junge »römische König« des Reiches, Karl V., nutzte die Fähigkeiten des ehrgeizigen, in vielen Fehden bewährten Ritters. Im Jahre 1519 ließ er ihn gegen den eigenmächtigen, seit Jahren rigoros gewalttätigen Herzog Ulrich von Württemberg zu Felde ziehen. Der wackere Kriegsherr erfüllte den Auftrag. Ihn trieb die Hoffnung auf eine Reichsreform, der sein Freund Ulrich von Hutten in seinen Schriften Ausdruck verliehen hatte. Huttens wortgewaltige Aktionen gegen »ungeistliche Geistliche« – er propagierte den »Pfaffenkrieg« – bestärkten ihn, auch auf eigene Faust gegen »Kurtisanen«, die Stützen der weltlichen Macht des Papsttums, mit Waffengewalt vorzugehen. »Herbergen der Gerechtigkeit« nannte im Dezember 1520 Ulrich von Hut-

Ulrich von Hutten.

ten die Burgen Sickingens. Andere meinten, er habe wahrlich Ruhm erlangt – als Räuberhauptmann, als Musterbild eines Wegelagerers in Gestalt des Reichsritters. Franz von Sickingen glaubte jedoch ganz im Sinne König Karls V. zu handeln, der sich seit seiner Krönung im Oktober 1520 auch »erwählter Kaiser« nannte. Er fiel im August 1522 mit 7 000 Söldnern ins Erzbistum Trier ein, dessen Kirchenfürst mit dem »Reichsfeind«, dem französischen König, paktierte.

Albrecht von Mainz suchte sich aus diesen machtpolitischen Turbulenzen herauszuhalten; er ignorierte die Aktivitäten seines Kanzlers Frowin von Hutten, des Wortführers der Hofbeamten, die der mittelrheinischen Ritterschaft entstammten. Sie unterstützten, einige offen, andere insgeheim, den Feldzug zur Beseitigung des geistlichen Fürstentums.

Anfangserfolge stärkten Sickingens Zuversicht. Gefangenen Edelleuten erklärte er: »Ihr habt Harnisch und Pferd verloren. Aber Ihr habt ja noch Euren Kurfürsten. Der kann und mag Euch, so ihm das noch möglich sein wird, wohl bezahlen dafür. Wenn aber Franz von Sickingen Kurfürst von Trier wird, dann kann er das auch und noch viel mehr.« Im September belagerte er Trier. Doch die Ritterschaft, die er gegen die überall spürbare Eigenmächtigkeit der Landesherren zu mobilisieren gedachte, verhielt sich passiv. Besorgt äußerte der bayrische Kanzler Leonhard Eck, Sickingen werde nun sicherlich einen »Pöbelaufstand« provozieren. Wenn es so weit komme, würden nicht einmal die Mittel aller Fürsten ausreichen, die Kosten zu tragen, die der dann unvermeidliche Flächenbrand verschlinge. Herzog Georg von Sachsen allerdings befürchtete keine Gefahr diesen Ausmaßes: Bauern würden ihren adligen Herren nicht zu Hilfe eilen.

Karl V. befand sich zu dieser Zeit auf Kriegspfaden in Oberitalien. Reichsfürsten sahen sich in der Pflicht, die Ordnung wiederherzustellen. Landgraf Philipp von Hessen und der Kurfürst von der Pfalz führten ihre Aufgebote in den Kampf gegen den ehrgeizigen Ritter. Nach sieben Tagen musste Sickingen die Belagerung Triers abbrechen. Auf seiner Burg Landstuhl verschanzte er sich. Er ließ eine Denkschrift den Ständen der Städte überbringen, deren Vertreter sich zu Speyer versammelt hatten. Waren sie nicht seine »natürlichen« Verbündeten? Seit langem schon setzten auch sie sich gegen landesherrliche Eingriffe in ihre städtischen Freiheiten zur Wehr. Doch Sickingens Appell blieb ohne Echo. Die Erinnerung an »gute alte Zeiten«, in denen der Herrscher an der Spitze des Reiches die Interessen ritterlicher Burgherren und bürgerlicher Stadtherren gleichermaßen förderte, war unter dem städtischen Patriziat längst verblasst.

Ein Heer mit starkem Geschütz beendete Anfang Mai 1523 Sickingens Rebellion. Er verlor bei seinem vergeblichen Anrennen gegen die fürstliche Territorialherrschaft sein Leben. Für den Herrn des Mainzer Erzbistums, der sich nicht der Aktion gegen ihn angeschlossen hatte, gab es ein Nachspiel vor einem Fürstengericht: Ein Hilfeersuchen des von Sickingens Vorgehen bedrohten Erzbischofs von Trier hatte er abgelehnt. Er sei dazu nicht in der Lage.

Sickingens »Oberburg« Landstuhl, 1523.

Aber er hatte Hofbeamten nicht Einhalt geboten, als sie Sickingens Aktion unterstützten. Wegen Beihilfe zum Landfriedensbruch wurde ihm eine Kontribution von 25 000 Gulden auferlegt. Seinem Kanzler Frowin von Hutten wurden Güter entzogen; er erhielt sie erst 1526 zurück, nach seiner Teilnahme an der Zerschlagung des Bauernaufstandes.

Einer der »freien Ritter«, die für Kaiser und Reich zu streiten und die Rechte aller Stände zu schützen gedachten, war auch Gottfried von Berlichingen. In seinen Jugendjahren war er zum Bundesgenossen eines berüchtigten Raubritters geworden, der durch Wegelagerei, Raubüberfälle und Brandschatzungen altes Recht zu behaupten suchte. Ein älterer Vetter gab ihm schließlich die Risiken derartiger Wagnisse zu bedenken; er sorgte im Winter 1501/02 für seinen Rückzug aus dem räuberischen Geschäft. Zwei Jahre später, im Streit um die Landshuter Erbfolge, wurde Gottfried (Götz) Waffengefährte seines Vetters im Gefolge des bayrischen Herzogs Albrecht IV. Bei der Belagerung Landshuts verlor er die rechte Hand. Mit der kunstvollen Prothese, der »eisernen Hand«, die er sich 1505 anfertigen ließ, konnte er den Schwertgriff fest umklammern und sein Kriegs-handwerk noch jahrzehntelang ausüben.

Manche der zahlreichen Fehden – es seien min-destens 15 in eigener Sache gewesen, schrieb er in seinen Erinnerungen – verwickelten ihn in andere. Im Krieg des Schwäbischen Bundes gegen Herzog Ulrich von Württemberg im Frühjahr 1519 stand er auf der Seite des um die Interessen seiner Dynas-tie kämpfenden Landesherrn. Er verteidigte dessen Burg Möckmühl (Kreis Heilbronn). Das Kapitula-tionsangebot, das ihm im Auftrage des Mainzer Erz-bischofs Albrecht überbracht wurde, soll er abge-lehnt haben – mit den Worten: »Er kahn mich hinden lekhen.« Johann Wolfgang von Goethe hat in seiner dramatisierten »Geschichte Gottfriedens von Berlichingen mit der eisernen Hand« diese Episode mit deutlicheren Akzenten versehen: »Sag Deinem Hauptmann: Vor Ihro Kaiserliche Majestät hab ich, wie immer, schuldigen Respekt. Er aber, sag's ihm, er kann mich im A… lecken.«

Rebellionen zehntpflichtiger Bauern im Herbst des Jahres 1524, denen sich viele der Ärmsten aus städtischen Gemeinden anschlossen, zunächst weit im Süden des Reiches, vom Bodensee bis zum Schwarzwald, führten bald auch zu Unruhen im Fränkischen und in Thüringen. Ende März 1525 sah sich der Würzburger Fürstbischof Konrad II. von Thüngen veranlasst, dem Statthalter Albrechts in der mainzischen Erzdiözese, dem Straßburger Bischof Wilhelm von Hohnstein, mitzuteilen, in nunmehr bedrohlicher Nähe, im Odenwald, hätten sich Tausende Aufrührer zusammengerottet. Erzbischof Albrechts Stellvertreter beorderte sofort seinen Hofmeister Frowin von Hutten mit 200 schwerbewaffneten Reitern zur Streitmacht des Schwäbischen Bundes, die Georg (»Jörg«) Truchsess von Waldburg mobilisierte. Der Feldhauptmann der Kaiserlichen hatte ohnehin keine allzu große Mühe, sie rasch zu verstärken, denn nach dem Sieg Karls V. am 24. Februar bei Pavia über König Franz I. von Frankreich waren viele der nach der Entscheidung in Oberitalien freigewordenen Söldner bereit, sich neuer »Beschäftigung« zu widmen. Der Truchsess führte sie zunächst gegen Bauernhaufen aus dem Oberschwäbischen. Bei Leipheim, in der Nähe von Ulm, kam es am 4. April zur ersten größeren Schlacht des Bauernkrieges: Etwa 1 000 Bauern wurden erschlagen, 4 000 gefangen.

Doch die Unruhen im Rheingau und im Odenwald, die den Herren des Mainzer Erzstifts zu Besorgnis Anlass gegeben hatten, waren nicht mehr einzudämmen. Auch im Fränkischen rebellierten seit Ende März Bauern, Stadtarme und ihrer Obrigkeiten überdrüssige Bürger mehrerer städtischer

Gemeinden. Am 1. April brachen Revolten in Würzburg aus, am 25. April in Mainz. Aschaffenburg wurde belagert.

Am 10. April wurden sogar die Grafen von Hohenlohe »bäurische Brüder« – freilich aus Sorge »um Leib und Habe«. Mit ihrem Gelübde vor den Hauptleuten des Odenwälder »Hellen Haufens« bekannten sie sich zu den »Zwölf Hauptartikeln aller Bauernschaft«, den im Februar 1525 formulierten »Leitideen« des Aufbegehrens. Vielerorts traten reichsritterschaftliche Herren dem Verbündnis bei. Das »Inhaufenziehen unter dem gemeinen Mann« war so mächtig geworden, dass es ihnen opportun erschien, nicht mehr die »Schmalzgruben der Pfaffen« zu verteidigen, wie Wilhelm von Grumbach erklärte. Am 17. April fand sich auch dessen Schwager, der Reichsritter Florian Geyer, bei den Bauern des Taubertals ein. Er wurde führendes Mitglied ihres Rates. Nur einen Tag später beeinflusste er die Verhandlungen mit Vertretern (Tauber-)Bischofheims, einer der Städte im Bereich des Mainzer Oberstifts, die sich im 14. Jh. zum Neun-Städte-Bund zusammengetan hatten. Im 15. Jh. hatten ihre kommunalen Selbstverwaltungen landständische Befugnis erlangt, so auch das Recht, Steuern zu erheben und zu bewilligen. Neben Adel und Geistlichkeit waren sie dritte Kraft im erzbischöflichen Herrschaftsgefüge geworden.

Besonders kritisch wurde es am 23. April in Eltville. Viele Bewohner des Ortes hatten sich bewaffnet und mit Mitstreitern aus Nachbargemeinden zusammengetan. Was sie von der Obrigkeit erwarteten, übermittelten sie den Herren des Domkapitels mit der Aufforderung, sich unverzüglich an traditioneller Beratungsstätte, in der Wacholderheide in der Nähe des Klosters Eberbach, einzufinden. Es ging ihnen vor allem um niedrigere Steuern und Zölle. Jagen und Fischen, streng gehütetes Herrenrecht, sollten auf gemeinfreie Weise betrieben werden. Ihr Beitrag zur Finanzierung der Pallien, bei jeder Neuwahl immerhin 1 000 Gulden, sollte fortan entfallen, den Juden das Bleiberecht entzogen werden, das ihnen der Herr des Reiches gewährte, sofern sie den »Judenzins« entrichtet hatten, ein immer wieder ihnen neu auferlegtes »Schutzgeld«.

Eine Einigung kam nicht zustande. Die Rebellen gerieten außer Rand und Band, erstürmten das Kloster. Anderntags konnten die Mönche die Pforten wieder fest verschließen, nachdem die Eindringlinge, die sich vor allem über die Schätze der Kelterei hergemacht hatten, aus dem Kloster hinausgetragen und vor den Mauern niedergelegt worden waren. Der Inhalt des von ihnen geleerten großen Fasses im Weinkeller, immerhin 740 hl, wirkte nach. Eine Vereinbarung kam bald darauf dennoch zustande, wie auch mit anderen Klöstern der Region. Sie gewährte den Insassen Aufschub; Novizen durften nicht mehr aufgenommen werden. Der klösterliche Grundbesitz sollte in Gemeineigentum übergehen.

Am 25. April rebellierten Mainzer Bürger. Sie vermochten sich sogar in den Besitz der Schlüssel der Stadt zu bringen, erklärten jedoch ihr Einverständnis mit der Herrschaft des erzbischöflichen Kurfürsten. Einer der 31 Artikel, die sie dem Domkapitel am 27. April übergaben, verlangte eine beträchtliche Reduzierung des »Großen Zehnten«. Wie zahlreiche Angehörige der Reichsritterschaft und des Landadels ließen sich nun auch die Domherren, um Schlimmeres abzuwenden, auf die in Artikeln zusammengefassten Forderungen ein. Am 7. Mai unterzeichneten zu Miltenberg Lorenz Truchsess von Pommersfelden, Dekan des Domkapitels, und der Bischofsheimer Amtmann Wolf Morle einen Vertrag mit den Aufrührern.

Ähnliches vollzog sich in den benachbarten Gebieten. Götz von Berlichingen verließ seine Burg Hornberg, schloss mit den Rebellen einen »Vertrag auf Zeit«. Er trat einer »christlichen Bruderschaft« bei. Am 27. April wurde er Anführer des »Hellen Haufens«. In den ersten Tagen seiner Führerschaft musste er noch die Verwüstungen herrschaftlichen Eigentums geschehen lassen; auch einige Klöster wurden gegen seinen Willen geplündert. Dann aber gelang es ihm am 4. und 5. Mai, unterstützt von einigen Hauptleuten, die »Amorbacher Erklärung« durchzusetzen. Mit ihr wurden einige der überall verbreiteten Zwölf Artikel abgeschwächt, damit sich noch mehr Angehörige des niederen Adels, die ih-

Goetz von Berlichingen.

re Existenzgrundlagen seit Jahrzehnten infolge der Machterweiterungsbestrebungen der Fürsten bedroht sahen, dem Aufstand gegen »hohe Herren, reiche Hansen und Papisten« anschlossen. Bereits anlässlich ihrer Verbrüderung mit den Aufständischen am 18. April hatten sich auch die (Tauber-)Bischofsheimer Ratsleute verpflichtet, mit ihren acht Partnern eine »christliche Versammlung der Neun Städte« zu eröffnen und mit einem eigenen »wehrhaften Haufen« dem Bündnis zu dienen. Nun, nach der Amorbacher Erklärung, kam es zu einer entsprechenden Vereinbarung.

Vertreter der Würzburger Bürgerschaft hatten sich ebenfalls mit den Aufständischen zusammengetan. Sie forderten die Beseitigung der Festungsanlagen auf dem »Frauenberg«. Die Besatzung des stark bewehrten Bollwerks auf »Unserer lieben Frau Berg« verweigerte jedoch die Kapitulation. Zu Kantate, am 14. Mai, dem vierten Sonntag nach Ostern, verhinderte Götz von Berlichingen einen Angriff mit dem Hinweis auf den Vertrag mit dem Mainzer Oberstift, der auch ein Muster für eine Vereinbarung des Bistums Würzburg mit den Bruderschaften sein könne. Jedoch am nächsten Tag ließ sich ein Tauberbischofsheimer Fähnlein nicht von einer Attacke abhalten. Sie scheiterte. Nachdem schweres Geschütz aus Tauberbischofsheim herangeführt worden war, wurde die Marienfeste mehrere Tage stundenlang beschossen. Nun aber erreichten die Belagerer immer detailliertere Berichte über die verheerende Niederlage der thüringischen Bauernhaufen bei Frankenhausen. Am 20. Mai schreckte sie die Nachricht auf, dass das schwerbewaffnete Heer des Truchsess von Waldburg näherrückte. Als es sich am

28. Mai mit den Streitkräften des Kurfürsten von der Pfalz vereinigte, sah Götz von Berlichingen, »Narr und Hauptmann«, wie er sich gelegentlich betitelte, den Zeitpunkt für gekommen, wieder hinter den eigenen festen Mauern auf Burg Hornberg die Ereignisse zu überdauern. Andere seinesgleichen und viele Bauern verließen ebenfalls die »Fähnlein«.

Das Vorrücken der 5 000 Reiter und 10 000 Fußknechte des Bundesheeres in Richtung Würzburg, mit 2 000 Kampfwagen und 42 Geschützen, vermochten die Rebellen nicht zu verhindern. Von den 7 000 Streitern, die sich der Übermacht am 2. Juni bei Geroldshofen entgegenstellten, wurden 4 000 erschlagen. Zwei Tage danach verloren bei Ingolstadt fast alle der 5 000, die dies erneut versucht hatten, das Leben.

Während der Kriegsereignisse wetterte Johannes Cochläus, einer der Hauptgegner Luthers seit dessen Auftritt auf dem Wormser Reichstag (1521), ge-

Ein Bauer liefert den »Zehnten«: Brot, Eier und Geflügel, Holzschnitt von Hans Leonhard Schäufelin, 1517.

gen den Reformator: »Herzog Friedrich hätte es wohl geziemt, hätte er dich vor vier Jahren in die Elbe geworfen oder ins Feuer mitsamt deinen Büchern. Wir wären jetzt dieses Jammers und Unglücks enthoben.« Er gab Luther die Hauptschuld am Aufbegehren der Bauern, obwohl der Geschmähte den schwäbischen Bauern eine »Ermahnung zum Frieden« hatte zukommen lassen, eine erste Antwort auf die »Zwölf Artikel aller Bauernschaft«. Er hatte sie im April 1525 zu Papier gebracht, während der Reise mit Melanchthon nach Mansfeld. Dort hatten sie und der Herr der Grafschaft eine evangelische Schule eröffnet.

Was die Bauern forderten, erschien Luther »billig und recht«, aber mit Gewalt lasse sich dies nicht erzwingen. Gebet, Bitte und Gotttvertrauen seien die Waffen des Glaubens. Nur wenige Wochen später packte ihn der Zorn. Aus der »Ermahnung« wurde die Flugschrift »Wider die räuberischen und mörderischen Rotten der Bauern«. Was sie unter dem Eindruck der Ereignisse vor allem bewirkte, brachte der Zwickauer Bürgermeister Hermann Mühlpfort zum Ausdruck: »Doktor Martin ist bei den einfachen Leuten… in große Ungnade gefallen; man glaubt, dass seine Schriften zu wankelmütig gewesen seien.« Luther bekannte damals: »Ich halte und wills allezeit halten mit dem Teil, der Aufruhr leidet… und will wider sein dem Teil, der Aufruhr macht…« Er äußerte sich enttäuscht über Müntzer und die Bauern: Sie hätten »den Mut der Papisten so sehr gestärkt, dass wir wieder ganz von vorn… beginnen müssen«.

Der fernab des kriegerischen Geschehens zu Halle an der Saale weilende Herr der mainzischen Kirchenprovinz, Erzbischof Albrecht, Kurfürst und Kardinal, reagierte auf die ihm übermittelten Berichte rasch. Er beauftragte seinen Statthalter Bischof Wilhelm, dem Truchsess von Waldburg dafür zu danken, dass unter seiner Führung die Truppen des Bundes in einem beträchtlichen Teil des Reiches zur Ordnungsmacht wurden. Nun sei es an der Zeit, dass die Verantwortlichen des Hochstifts im eigenen Bereich für Ordnung sorgten.

Am 6. Juni traf Albrechts Statthalter mit ansehnlichem Gefolge im Süden Würzburgs, in Heidingsfeld, ein. Mit anderen Fürsten begleitete Wilhelm von Straßburg dann zwei Tage später den Truchsess bei seinem triumphalen Einzug in die Bischofsstadt. Zur »Abrechnung« mit den Aufsässigen wurden alle Mannsleute beordert, die Würzburger auf den Markt, die aus den Landstädten auf den »Judenplatz«, Dörfler zum Rennweg. 64 der 2 000 Gefangenen wurden vor aller Augen enthauptet, 200 in die Kerker der Festung gebracht, zum Verhör unter der Folter, auch der einstige Bürgermeister, der Bildhauer und Bildschnitzer Tilman Riemenschneider. Zu Schweinfurt ließ der Truchsess zehn Bürger köpfen, der Stadt eine »Schatzung« auferlegen – jeder Herdstatt 7 Gulden. Kriegsknechte mit Brandfackeln sorgten dafür, dass unverzüglich gezahlt wurde.

Schon vor den Würzburger Verhandlungen hatte Albrechts Statthalter seinen kriegserfahrenen Hofmeister Frowin von Hutten beauftragt, sich den Streitkräften des Würzburger Fürstbischofs Konrad von Thüngen anzuschließen, die »zur Befriedung« ins Taubergebiet eindrangen. Dort erreichten ihn Abgesandte der Aufrührer aus dem Herrschaftsbereich des Mainzer Hochstifts. Sie erklärten die

Bereitschaft zu sofortiger Unterwerfung. Daraufhin gelang es dem erzbischöflichen Hofmeister, den Truchsess von einem Marsch seiner Heerscharen in den Rheingau abzuhalten.

Statthalter Wilhelm ließ es sich allerdings nicht nehmen, Frowin bei seiner Mission zur Wiederherstellung der »Gerechtigkeit« im Territorium des Hochstifts zur Seite zu stehen. In der »Aufrührerhochburg« Tauberbischofsheim, einer Metropole des Neun-Städte-Bundes, stellte er unverzüglich die kurmainzische Oberhoheit wieder her. Am 15. Juni legte er zu Miltenberg Schatzungsgelder für die anderen acht Abtrünnigen fest. Schon zwei Tage danach zog er in Aschaffenburg ein.

Auch der Mainzer Aufstand brach zusammen. Am 1. Juli gelangte Frowin von Hutten mit 400 schwerbewaffneten Kriegsknechten in die Residenzstadt. Unverzüglich zwang er die Bürger, sich auf dem Tiermarkt einzufinden. Ihre Deputierten hatten Unterwerfung zu geloben und den auferlegten Schadenersatz, immerhin 15 000 Gulden, zu akzeptieren. Gleiches geschah am 15. Juli zu Bingen auf dem Platz vor der Burg. Aus Mainz waren mehrere Aufrührer verwiesen worden; in Bingen wurden drei Rädelsführer hingerichtet.

Seine »Henkersreise« durch die Region des Würzburger Hochstifts beendete Konrad von Thüngen am 9. August in seiner Residenzstadt. Auf dem Fischmarkt ließ er 13 Bürger enthaupten. Wer mit dem Leben davonkam, wurde verstümmelt. Frowin von Hutten schloss seine Strafexpedition am 5. August ab. In Aschaffenburg waren neun Gefangene hingerichtet worden, in Walldürn, ebenfalls Mitglied des Neun-Städte-Bundes, vier Ratsmitglieder wegen ihrer Beteiligung an der Plünderung des Klosters Amorbach.

In Halle, wo er bis zum Februar 1526 residierte, erlebte Albrecht kein aufrührerisches Durcheinander. Unruhig wurde es in der Stadt dennoch, da Bürger gegen das aristokratische Regime einiger Stadtherren Front machten. Er ließ sie aus ihren Ämtern entfernen. Als eine Gottesdienstreform gefordert wurde, zeigte er sich jedoch kompromissbereit. Größere Probleme bereiteten ihm Unruhen unter den Bauern im Magdeburger Umland. In der Stadt

Bauern zu Fuß und zu Pferd, aus einem Holzschnitt von Hans Tirol.

gelang es Reformatoren, konservative Priester und Ordensgeistliche aus ihren Ämtern zu verdrängen und den Gottesdienst evangelisch zu gestalten. Albrecht verklagte sie beim Reichskammergericht. Jedoch mehrten sich reformatorische Aktionen. Eine Eskalation der Streitigkeiten suchte er nun durch kluges Taktieren einzudämmen. Befürchtete er, ein Verbot werde zur gewaltsamen Lösung des Konflikts führen? Ihm gelang am 9. August 1525 ein Abkommen mit den Stadtherren. Er akzeptierte die kirchlichen Neuerungen; die Stadt garantierte dafür den katholischen Geistlichen Schutz und Ausübung des Amtes. Jedoch erwies sich dieses Status-quo-Konzept als Illusion. Die Stadtherren vermochten nicht, den Vereinbarungen Geltung zu verschaffen.

»Halsgericht« und die Arten der unmittelbar danach zu vollziehenden Todesstrafen.

Nur zehn Tage nach dem Frankenhausener Gemetzel, noch im Feldlager bei Mühlhausen, hatten sich Herzog Georg von Sachsen, Hessens Landgraf Philipp und Kurfürst Johann von Sachsen weiterhin gegenseitige Unterstützung zugesagt, zur Entwaffnung aller Rebellen und insbesondere dann, wenn es zu neuerlichen Aufständen kommen sollte. Sie hielten es für angebracht, einen ständigen Schutz ihrer Landesgrenzen durch gemeinsamen Unterhalt von Reitertruppen und Fußknechten zu gewährleisten. Weitere Fürsten sollten für diese Übereinkunft gewonnen werden, so Joachim I. von Brandenburg, dessen Bruder Kardinal Albrecht sowie der Bischof von Paderborn und die braunschweigischen Herzöge Erich und Heinrich III.

Obwohl sich in den folgenden Wochen kein Anlass zu bewaffnetem Eingreifen ergab, ließ sich Herzog Georg nicht davon abbringen, eine Allianz gegen »unerwünschte religiöse Neuerungen« zu schmieden. Nach persönlichen Gesprächen mit den Häuptern der Territorien, die nach wie vor den alten Glauben als einzig wahrhafte Grundlage einer Lebensordnung verteidigten, kam es am 19.Juli 1525 in Dessau zu einem »Verbündnis«. Eine Gegenreaktion erfolgte prompt: Landgraf Philipp von Hessen, der sich, von Melanchthon beeinflusst, schon 1524 zu Luthers Reformen bekannt hatte, traf am 8.November 1525 mit Kurfürst Johann von Sachsen eine erste Absprache. Es kam schließlich am 27.Februar 1526 zu Gotha ein Vertrag zustande, offen für alle evangelischen Reichsstände. Sie hatten sich zu Gehorsam gegenüber dem Kaiser zu verpflichten, aber einander Hilfe zu leisten, falls das Territorium eines Vertragspartners angegriffen wurde.

Den Altgläubigen erschien die sich anbahnende Allianz evangelischer Reichsstände bedrohlich. Auf dem Reichstag zu Speyer mühte sich Albrecht um eine Entschärfung der Situation. Eine »Lösung auf Zeit« kam auch den Absichten des Kaisers entgegen. Am 27.August 1526 entschied er: Dem Glaubensstreit soll ein Konzil – zu gegebener Zeit – ein Ende bereiten. Bis dahin war jedem Landesherrn freigestellt, in Konfessionsfragen so zu entscheiden, wie er es gegenüber Gott und dem Kaiser verantworten konnte. Für Luthers Anhänger im Kursächsischen bedeutete diese Entscheidung »freie Bahn«. Die Magdeburger Stadtherren traten dem Verteidigungsbündnis der Evangelischen bei. Albrecht, der Herr des Erzbistums, reagierte sofort und erreichte auch, was ihm in dieser Situation geboten schien. Am 30. September wurde vom Kaiser die Reichsacht über Magdeburg verhängt.

Ein Ergebnis der Erwägungen Albrechts im Jahre 1526 anlässlich der Rückkehr in seine kurmainzische Hauptresidenz vermag der heutige Besucher der Stadt Mainz auf dem Marktplatz zu bewundern: Der Kardinal ließ einen Brunnen bauen – zur Erinnerung an den Triumph über die »Reichsfeinde« in der Schlacht bei Pavia und an den Sieg über die Aufrührer im eigenen Lande. Er ist mit dreiseitigem Baldachin versehen, bekrönt von Figuren der heiligen Bischöfe Martin, Bonifaz und Ulrich, der prachtvollste Renaissancebrunnen Deutschlands (1889 mit einer Madonnenplastik ergänzt). Sinnbilder mahnen den Betrachter zum Verweilen, zu Besinnlichkeit, zu demütigem Innehalten, zu Bußbereitschaft. Die Aufschrift O BEDENCK DAS END unter einem Totenkopf ist die eindringliche Mahnung, die Gebote Gottes zu befolgen, Todsünde zu meiden.

In Mainz und Aschaffenburg standen dem Erzbischof und Kardinal immer mehr dem alten Glauben treu ergebene Mitarbeiter zur Seite, die zu einer Kirchen- und Klerusreform bereit waren. Deutliches Zeichen dieser Erneuerung war die Ernennung des humanistischen Gelehrten Friedrich Nausea (Friedrich Grau; nauseo: mir graut) zum Domprediger. Er wurde einer der bedeutendsten Kanzelredner dieser Epoche im für die Kurie wichtigsten kirchlichen

Zentrum des Reiches. Seine ersten fünf Predigten, wie üblich lateinisch gehalten, übertrug er unverzüglich ins Deutsche, zur Lektüre »fürs Volk«: »... anstat der schmehlichen schendtlichen gotzlesterlichen büchlein und schrifften, so vergangener Zeit wider got ehr und recht an etlichen orten auzgegangen, darausz auch aller irrung in teutscher nacion erwachsen...« Schon die erste Predigt richtete sich gegen Luthers Rechtfertigungslehre: »Wje erbermlich in teutscher nacion etliche so bißher in Lutherischer sect geschriben mit disen sonderlichen spruch: Alleyn der glaub rechtfertiget den menschen.« Es sei Betrug am »ungelest volck«, wenn man dem Menschen einrede, allein »dein glaub hat dich heyl gemacht«. Auch später hat Nausea, der 1534 nach Wien ging, von König Ferdinand zum Hofprediger und Hofrat berufen, einige Texte ins Deutsche übertragen, ein mühsames Unterfangen, wie er betonte, »dann mir jha kein mensch weder im dolmetschen, noch im lessen, noch im schreiben, noch im corrigiren, noch in andere weiß darzu behülfflich gewesen«.

Nach den Erfahrungen der unlängst verflossenen Jahre hielt Kardinal Albrecht, seit 1526 nun wieder in seiner Hauptresidenz, eine Rückorientierung zur alten Lehre für dringend geboten. Hart wurden Geistliche bestraft, die seine Anweisung vom September 1523 nicht befolgt hatten. Er zeigte kein Verständnis mehr für »Abweichler« in den eigenen Reihen. Gegen die Bürger seiner Residenzstadt Aschaffenburg, die sich auf die Seite der Bauern gestellt hatten, erließ er seine »Albertinische Ordnung«. Sie entzog ihnen wichtige freiheitliche Rechte. Sogar das Wappen wurde der Stadt verboten. Ein dem Erzbischof höriger Schultheiß hatte fortan das Sagen. Luthers Antwort mit einer »Flugschrift«, die »Unterricht und Warnung« sein sollte, ließ keinen Zweifel daran, dass sich die Fronten verhärtet hatten: »Wider den aufrührerischen, verräterischen und mörderischen Ratschlag der gantzen mainzischen Pfafferei.« Seine reichspolitische Strategie verfolgte Albrecht jedoch weiter. In den Jahren 1527 und 1528 verfügte er die Auflösung der Selbstverwaltungen in allen Städtebund-Gemeinden. Sie verloren die Eigenständigkeit und damit das Mitspracherecht im Ständerat.

Ein Zwischenfall im Jahre 1527 verhärtete die Fronten erneut. Weil er sich den »lutherschen Neuerungen« zugewandt hatte, ließ Albrecht im April den Prediger seines Hallenser Stifts, Georg Winkler, nach Aschaffenburg beordern – zum Verhör. Auf dem Rückweg, im Mai, wurde der »Überläufer« überfallen und ermordet. Die Empörung war groß. Viele bezichtigten Albrecht der Mittäterschaft. Auch Luther äußerte Verdacht, ließ aber davon ab, da Albrecht versicherte, dass er mit dem Verbrechen nichts zu tun habe, er verabscheue jegliche Bluttat. In seiner »Trostung an die Christen in Halle über Herrn Georgen ihres Predigers Tod« gab Luther dennoch dem Mainzer Domkapitel die Mitschuld. Es hatte die Verantwortung für ein sicheres Geleit Winklers übernommen, das dafür Erforderliche jedoch nicht getan. Im internen Kreis einiger seiner Mitarbeiter meinte Luther kurze Zeit später, »die Pfaffen oder den Bischof rein (zu) achten«, das sei ihm kaum möglich. Es werde ja nichts unternommen, die Untat aufzuklären und die Verbrecher zu bestrafen.

Im Mai des Jahres 1527 trafen sich in Breslau katholische Reichsfürsten mit König Ferdinand, dem für Belange des Reichs zuständigen Vertreter seines Bruders, des Kaisers. Vor allem die »Luthersache« war Gegenstand ihrer Beratungen. Wurde hier eine Allianz angebahnt, die einen Militärschlag nicht ausschloss? Der herzoglich-sächsische Rat Otto von Pack berichtete im Januar 1528 in Kassel dem hessischen Landgrafen Philipp, dass am 12.Mai 1527 in Breslau ein kriegerisches Vorgehen gegen die »Lutheraner« beschlossen worden sei. Ihm sei das Dokument über diese Verschwörung katholischer Landesherren zu Gesicht gekommen. Er könne den Geheimvertrag beschaffen. Das sei zwar gefährlich, er hoffe aber auf hessisches Asyl, falls etwas schiefgehe. Am 18. Februar 1528 übergab er dem Landgrafen eine Kopie, mit dem Handsiegel seines Landesherrn versehen und von dessen Kanzlei beglaubigt.

Kursachsen und Hessen beschlossen am 9. März, dem Überfall zuvorzukommen. Im Mai 1528 ließen sie eine eilends mobilisierte Heeresmacht unter Führung des Landgrafen Philipp an den Grenzen zu den Bistümern Bamberg und Würzburg aufmarschieren. Noch rechtzeitig konnte deren Einfall ins Nachbarland abgewendet werden. Zweifel an der Echtheit des »amtlich Besiegelten« waren aufgekommen. Der treulose Rat Herzog Georgs hatte sich für die Beschaffung der »Dokumente« 10 000 Gulden zahlen lassen und unter des Landgrafen Schutz begeben.

Das Finale dieser »Packschen Händel« offenbarte die tiefe Krise, in der sich das Reich befand. Eine Einigung mit einem Vertrag zu Hitzkirchen (heute Ortsteil von Kefenrod im Wetteraukreis) am 14.Juni

1528 kam erst dadurch zustande, dass der Mainzer Erzbischof Albrecht darauf verzichtete, weiterhin geistlicher Gerichtsherr in Hessen zu sein. Damit war dort der Weg zu einer selbstständigen lutherisch-evangelischen Landeskirche frei. Der Landgraf setzte auch durch, dass die Bistümer Bamberg und Würzburg sowie Kurmainz die ihm durch Packs Machenschaften aufgezwungenen Rüstungskosten in Höhe von 40 000 Gulden erstatteten. Damit das gewährleistet war, erhielt Hessen ein ansehnliches Pfand: die zum Mainzer Bistum gehörende Stadt Gernsheim.

Auch in dieser schwierigen Situation, die einen Kompromiss erforderte, stellten sich Albrecht die Herren des Mainzer Domkapitels in den Weg. Lorenz Truchsess von Pommersfelden, der Dekan, verweigerte die Ratifizierung des Vertrages. Auf die Reaktion des bis dahin als zögerlich geltenden Kirchenfürsten waren seine Widersacher nicht vorbereitet: Sogar an geweihtem Ort, im Kreuzgang des Domes, ergriffen Knechte den Chef der Verwaltung des Erzstifts und führten ihn ab – in sicheren Verwahr. Albrecht setzte trotz vieler Proteste durch, dass der Truchsess seinen Rücktritt erklärte.

Ein besonderes Kapitel: Zankapfel Erfurt

Schon im Jahre 1493 hatte der Nürnberger Ratsherr, Arzt, Humanist und Geschichtsschreiber Hartmann Schedel in seiner »Weltchronik« Erfurt als Haupt des Thüringer Landes bezeichnet; die türmereiche und fest umwehrte Stadt habe »an Wohnungen, Häusern und Höfen der Bürger und an Gezierden der Klöster und Kirchen wunderparlich zugenommen«. Hinzugefügt werden muss, dass sich diesem städtischen Territorium beträchtliche Areale anschlossen, »Erfurter Land« genannt, immerhin etwa 900 Quadratkilometer. Um 1470 gehörten dazu die Stadt Sömmerda, 82 Dörfer und fünf Burgen.

Im Jahre 1840 rühmte der Verleger Joseph Meyer in seinem »Universum«-Bericht die Stadt an der Gera mit den Worten: »Als Erfurt blühte, vom 12. Jahrhundert bis gegen Ende des 15. Jahrhunderts, geschah nichts von allgemeinem Interesse in Deutschland, woran die Stadt nicht nahen oder fernen Anteil nahm… Ohne freie Reichsstadt zu sein genoss Erfurt, vermöge seiner Privilegien, doch faktisch die Unabhängigkeit. Das Gefühl derselben erregte den Stolz, und der Reichtum mehrte den trotzigen Sinn…«

Weltlicher Herr über den Ort an der »erphesfurt«, ursprünglich Königsgut, war seit Beginn des 11. Jhs. der Erzbischof von Mainz. Obwohl die Inschrift des Stadtsiegels bekundete, Erfurt sei »treue Tochter des mainzischen Erzstuhls«, hatten schon um 1250 die Ratsherren dem Erzbischof die Zuständigkeit für städtische Belange weitgehend abgetrotzt. Sie festigten ihre Unabhängigkeit kraft ihres Reichtums.

Ohne vorher den Mainzer Erzbischof zu informieren, erhärteten die Erfurter Stadtoberen im Jahre 1306 die Eigenständigkeit mit einer neuen Verfassung, einer »selbsterkorenen«, einer »Willkür«. Es war eine Bekundung, die Bürgerrechte und -pflichten festschrieb. Außerdem kauften sie den Herren von Gleichen ein Bauwerk ab, das auf Erfurter Territorium ohnehin nur noch Symbol einstiger gräflicher Rechte war: das Lauentor. Sie ließen es zumauern. Vereinbarungen, die sie mit den Räten der Reichsstädte Mühlhausen und Nordhausen trafen, dienten der gegenseitigen Unterstützung, vor allem zur Ausdehnung und zum Schutz ihrer Handelsnetze, bei Übergriffen auf ihre Autonomie, bei Störungen des innerstädtischen Friedens, in Geld-

Mainzer Kurfürst aus einem Skulpturenzyklus des frühen 14. Jhs.

angelegenheiten sowie bei rechtlichen Diskrepanzen in Niederlassungen während der Aufenthalte ihrer Handelsleute.

Die Städter wehrten sich gegen die Unterordnung unter die landesfürstliche Herrschaft. Sie festigten ihre Allianz, schlossen sich zum Thüringer Dreistädtebund zusammen und hatten dank wirtschaftlicher Kraft und bewaffneter Gegenwehr Erfolg. Das Friedensabkommen, das im Jahre 1315 zustandekam, bestätigte Erfurts Rechte und Besitzstände. Sogar seine zerstörten Burgen durften wiedererrichtet werden.

Trotz der schweren Zeiten, die Erfurt nach mehreren Pestjahren, kriegerischen Verwicklungen und einem verheerenden Stadtbrand im Jahre 1472 hinter sich hatte, schränkten die Stadtoberen ihre Eigenständigkeitsbestrebungen nicht ein. Sie waren noch einflussreich und vor allem zahlungskräftig genug, 1480 auch vom Herrn des Reiches die Genehmigung zum Bau neuer Festungsanlagen zu erlangen, nachdem sie ihnen Papst Sixtus IV. im Jahre 1478 erteilt hatte. Doch beide Kurfürsten, Herzog Ernst von Sachsen und der Mainzer Territorialherr Erzbischof Diether, gaben ihnen zu verstehen, dass der Festungsbau ohne ihr Einverständnis nicht verwirklicht

Erfurt, das »Haupt des Thüringer Lands« in Schedels Weltchronik, 1493.

werden konnte. Sie schlossen die Grenzen für Warentransporte der Erfurter Kaufleute

Die Gunst der Stunde nutzte in dieser für Erfurt schwierigen Situation Sachsens Kurfürst Ernst: Auf diplomatischem Wege und mittels der üblichen finanziellen Zuwendungen an die Kurie – er war zu Verhandlungen nach Rom gereist – sicherte er für seinen noch minderjährigen dritten Sohn Albert (auch Adalbert genannt) eine geistliche Karriere. Der erst elfjährige Prinz avancierte schon im Jahre 1477 zum Provisor der Stadt Erfurt. Bald darauf wurde er in das Mainzer Domstift aufgenommen. Mit der Wahl zum Koadjutor des Domkapitels erlangte er zugleich die Bestätigung der Nachfolgeschaft im höchsten Amt der Erzdiözese. Schon 1482 wurde er deren Administrator, da Erzbischof Diether gestorben war. Die Bischofsweihe wurde ihm noch nicht zuteil; er war zu jung. Das erforderliche Mindestalter erreichte er nicht; er starb im Jahre 1484.

Die Situation hatte sich inzwischen beträchtlich zu Ungunsten des Erfurter städtischen Regimes verändert. Landgraf Wilhelm III. hatte im Jahre 1482 das Zeitliche gesegnet, erbenlos. Thüringen gehörte wieder zum kurfürstlich-wettinischen Stammhaus. Dessen Herrschaftsbereich umschloss den bischöflichen Besitz nun unmittelbar. Die Erfurter Stadtherren gaben sich geschlagen. Sie unterschrieben 1483 einen Vertrag, anerkannten die sächsische Schutzhoheit, für die sie fortan jährlich 1500 Gulden zahlen mussten. Sie bestätigten auch die Geleitsgerechtigkeit der Wettinerfürsten sowie deren Oberlehensherrlichkeit über einige Dörfer ihres Gebietes. Kurfürst Ernst feierte den Erfolg. Er ordnete an, dass dereinst eine Tafel über seinem Sarg im Meißner

Dom verkünde, er habe »Erfurt in seinen und seines Hauses ewigen Schutz gezwungen«.

Zur gleichen Zeit beendete auch der Mainzer Erzbischof seinen Streit mit den Stadtoberen, um nicht noch mehr Einfluss auf den Erfurter Teil seiner großen Kirchenprovinz zu verlieren. Es kam zu Verhandlungen im unterfränkischen Amorbach. Die Erfurter Seite bestätigte dem Erzbischof, er sei ihr »Erbherr von Rechts wegen«. Landesherrliche Befugnisse hatte er allerdings kaum noch. Der Vertrag sollte sogar immer wieder neu ausgehandelt werden, wenn ein Nachfolger das Erbe antrat. Erst danach gebürte jedem neuen »rechten Erbherrn« die Huldigung des Rates und der Gemeinde: Sie hatten ihm einen würdigen Empfang zu bereiten, sobald er das erste Mal in die Stadt kam, und ihm Eid zu leisten. Besonders schwer fielen den Erfurtern allerdings die Kriegsentschädigungen, die ihnen die Friedensschlüsse aufbürdeten: insgesamt 20 000 Gulden.

Im Jahre 1508 war Erfurt pleite. Der Obervierherr Heinrich Kellner, einer der Hauptverantwortlichen der Misere, sah angesichts der immensen Schuldenlast von 600 000 Goldgulden einen Ausweg, um rasch zu Geld zu kommen: weitere, höhere Steuern und die unverzügliche Verpfändung der Burg und des Amtes Kapellendorf, eines einstigen reichsherrschaftlichen Territoriums, an die Wettiner. Im Mai 1508 wurde der »Verkauf auf Wiedereinlösung« getätigt.

An dem gegenüber den Verbindlichkeiten sehr geringen Erlös von 8 000 Goldgulden für das Juwel des Erfurter Landbesitzes lässt sich ermessen, in welche verzweifelte Lage die den Rat beherrschenden Handels- und Zunftherren die Gemeinde gebracht hatten. Viele Bürger empörte, dass sie nun noch höhere Abgaben leisten mussten. Unzufriedene rotteten sich zusammen. Vor allem junge Handwerksleute und Tagelöhner gründeten einen Geheimbund, die »Schwarze Rotte«. Auch aus anderen Orten kamen Angehörige der unteren Schichten in die Stadt. Sie vergrößerten die Anzahl der Aufbegehrenden.

Bislang hatten die Ratsmitglieder geheimgehalten, in welch finanziellem Desaster das Gemeinwe-

Erfurter Studenten im Streit mit Bürgern, 1506.

sen steckte. Nun sahen sie sich gezwungen, den Leuten reinen Wein einzuschenken. Es kam zum Tumult. Bürger, Handwerksburschen und Stadtarme erstürmten den Ratssaal. Die Stadt geriet in Aufruhr.

Schutz für das städtische Regime erbaten in den folgenden Tagen die aus dem Rathaus vertriebenen Ratsherren vom Schirmherrn, dem sächsischen Kurfürsten. Vertreter der Gemeinde entsandten jedoch eine Abordnung, vorwiegend Mitglieder der Zünfte, an Erzbischof Uriel, den Erbherrn. Sie berichteten, was sich in dem thüringischen Teil der Erzdiözese abspielte. Er beauftragte Räte des Stifts, die Delegation auf der Rückreise zu begleiten, um in Erfurt den Mainzer Interessen Gehör zu verschaffen.

Im thüringischen Kloster Georgenthal beendeten kursächsische Kriegsknechte die Mission der Mainzer. Die Festgehaltenen wurden freigelassen, nachdem sie versprochen hatten, sofort umzukehren. Dennoch gelangte nur wenige Tage später ein Teil der Kommission in die Stadt an der Gera. Er war den Häschern entkommen. Die erzbischöflichen Gesandten vermochten jedoch nicht, den Aufruhr einzudämmen. Die sächsischen Fürsten, der Albertiner Herzog Georg und die gemeinsam regierenden Ernestiner Kurfürst Friedrich und Herzog Johann, bemühten sich nun um einen Vergleich. Ihre Vermittlungsbestrebungen waren jedoch erfolglos. Auch den Räten der reichsfreien Städte Mühlhausen und Nordhausen gelang es nicht, die Miteinander-Verfeindeten zu besänftigen. Erfurts »tolles Jahr« hatte begonnen.

Die Mainzer Abordnung sorgte dafür, dass alle sachsenfreundlichen Ratsmitglieder ihrer Ämter enthoben wurden. Die meisten von ihnen verließen mit ihren Familien die Stadt. Längst hatten sich fast alle Patrizier und ihre Angehörigen unter den Schutz der wettinischen Herrscher begeben. Auf Betreiben der Beauftragten des Erzbistums wurden Sympathisanten aus den Zünften die Amtsstuben überlassen, nachdem sie beeidet hatten, der Erzbischof zu Mainz sei ihr »rechter Erbherr«. Das aber veranlasste die wettinischen Landesherrn, den eigenwilligen Stadtleuten mit Waffengewalt zu demonstrieren, welchen Herren sie mehr Respekt schuldeten. Sämtliche Handelswege in Richtung Süden und Westen wurden erneut gesperrt. Wehranlagen den Rennsteig entlang von Ilmenau bis Creuzburg an der Werra festigten die Blockade. Auch die Werrabrücken und Furten von Barchfeld flussabwärts bis Treffurt standen bis zum Jahre 1512 unter ihrer Kontrolle.

Auf diplomatischem Wege gelang es Erzbischof Uriel, den zu Dresden residierenden Herrn des albertischen Herzogtums, Georg von Sachsen, in seinem Bemühen zu stärken, seine ernestischen Vettern von größeren Kriegshandlungen abzuhalten. Da es im Laufe des Jahres 1510 in Erfurt jedoch immer öfter zu terroristischen Exzessen kam, bat Ende November Kurfürst Friedrich den Kaiser, über die Stadt die Reichsacht zu verhängen. Maximilian I., in kriegerische Konflikte in Italien verwickelt, kam jedoch eine derartige Zuspitzung ungelegen. Erst nach erneuten Gewalttaten der Aufsässigen, deutlichen Anzeichen, dass auch die erzbischöflichen Abgesandten nicht mehr Herr der Lage waren, und nach dringenden Bitten des sächsischen Kurfürsten, die Ordnung wiederherzustellen, ließ er im Juli 1511 die Acht androhen. Dem Mainzer Erzbischof und seinen sächsischen Widersachern gebot er allerdings, sich zu gedulden. Jedoch Kurfürst Friedrich war dazu nicht mehr bereit; er drängte auf eine Strafaktion. Für die Mobilisierung der Streitkräfte hatte er immerhin 200 000 Gulden aufwenden müssen, die ihm der Kaiser nun schuldete.

Im Februar 1512 verhängte Maximilian die Reichsacht über das ungehorsame Erfurt. Aber die Vollstreckung musste aufgeschoben werden – im Hinblick auf den bevorstehenden Reichstag, den Maximilian wegen der von Frankreich geschürten separatistischen Bestrebungen der Grafschaft Geldern nach Trier und Köln, in »Frontnähe«, hatte verlegen lassen, und angesichts der vielen anderen Probleme, die zu beraten waren. Die Enttäuschung Friedrichs war sehr groß, als der Kaiser nach dem Misslingen seines Reformplans, der partikulare Interessen der Reichsstände einschränken sollte, an einer Schwächung städtischer Eigenständigkeit nicht mehr interessiert war. Auf dem Reichstag hob er Verordnungen auf, die Erfurt betrafen. Erneuert wurde nur das Mandat, das Gewaltanwendung verbot. Im Reich sollte Ruhe herrschen, damit er sich mit ganzer Kraft seinen imperialen Zielen in Oberitalien und dem neuen Konflikt mit Frankreichs König widmen konnte.

Friedrich und seinem Mitregenten Johann blieb nichts anderes übrig: Sie mussten Maßnahmen gegen die widerborstigen Erfurter auf eigene Rechnung einleiten, da im belagerten Erfurt »Sachsenfreunde« weiterhin verfolgt wurden. Im Februar 1514 ließen sie sich das Erforderliche von einem Ausschuss der Stände in Weimar und einige Monate später auch vom Landtag zu Altenburg genehmi-

Kurfürst Friedrich von Sachsen, genannt der »Weise« (1486-1525).

gen. War es nicht höchste Zeit, die Ordnung in der ihrem Schutz anvertrauten Stadt wiederherzustellen? Der Stadtsyndikus Dr. Berthold Bobenzan und der ehemalige Obervierherr Georg Tusenbach waren vor Gericht gestellt worden. Sie hielten, den regionalen Gegebenheiten entsprechend, ein Zusammenwirken mit den Wettinern schon aus wirtschaftlichen Gründen für unvermeidlich. Wegen Hochverrats wurden sie verurteilt und hingerichtet.

Die Herrlichkeit der Metropolis Thuringiae hatte an Glanz verloren, als der seit August 1513 amtierende magdeburgische Episkopus Albrecht von Brandenburg im März 1514 auch Herr des Erzbistums wurde, zu dessen Territorien Erfurt gehörte. Wesentlicher Beweggrund des Mainzer Domstifts, den Hohenzollernsprössling zum Erzbischof erheben zu lassen, war die von dessen Bruder, dem brandenburgischen Kurfürsten Joachim I., zugesagte Hilfe zur Abwehr der wettinischen Vorherrschaftsbestrebungen im Thüringer Raum. Mit brandenburgischer Unterstützung sollte Erfurt in den Herrschaftsbereich des Erzbistums wieder fester eingebunden werden. Wie sein sächsischer Amtsvorgänger Ernst von Wettin erklärte Albrecht die Moritzburg auch zu seiner Residenz, nachdem er im Mai 1514 unter festlichem Geleit in das zum Erzbistum Magdeburg gehörende Halle an der Saale eingezogen war.

Aber erst in der zweiten Hälfte des Jahres 1515 bereitete sich Albrecht, von seinem Berliner Bruder dazu gedrängt, auf die Reise ins Thüringische vor, um in Erfurt die ihm, dem Erbherrn, zustehenden Huldigungen zu empfangen. Die zweitgrößte Stadt der größten Kirchenprovinz des Reiches sollte dem geistlichen Herrn des Mainzer Domkapitels nicht nur Basis seiner weltlichen Hoheitsrechte im Thüringer Raum sein, sondern auch Brücke zum Halberstädter Bistum und zum Magdeburger Erzstift mit einigen Exklaven im Brandenburgischen. Dem zu Berlin-Cölln residierenden Zweig der Hohenzollerndynastie erleichterte diese Konstellation die Verbindung mit seinem fränkischen Stammland.

Den Vorbereitungen Albrechts zum Einzug in Erfurt begegneten Kurfürst Friedrich und sein mitregierender Bruder Herzog Johann, indem sie sich entschlossen zeigten, diesen Triumph der brandenburgischen Rivalen, wenn nötig mit Gewalt, zu verhindern. Immerhin waren die in Erfurt tätigen Mainzer Amtsleute auch nicht zimperlich verfahren, als sie dem von ihnen gestützten neuen Erfurter Rat nicht verwehrten, brutalen Aktionen gegen prosächsische Bürger freien Lauf zu lassen. Vertrauten die neuen Bürgervertreter den Beteuerungen, der mächtige Brandenburger werde nicht zulassen, dass den Sachsen die Bäume in den Himmel wachsen? Albrecht jedoch zögerte, verschob den Aufbruch mehrmals und vergab zum Ärger seines Bruders die Chance, alte Rechte des Mainzer Erzstifts wiederaufleben zu lassen. Vermutlich befürchtete er, durch demonstratives Agieren den Konflikt zu verschärfen. Vermochte er nicht einzuschätzen, dass das Waffengeklirr seiner Widersacher nur Drohgebärde war? Infolge ihrer Verwicklungen in andere, für sie weitaus brisantere dynastische Konflikte und in Anbetracht ihrer Verpflichtungen gegenüber dem Kaiserhaus waren ihnen die Hände gebunden. Sie lockerten die Blockade und waren nun auch schlau genug, die alte Weisheit herrschaftlichen Agierens zu beherzigen, dass Abwarten meistens besser ist als Draufhauen.

Freudigen Empfang bereiteten die Erfurter gegen Ende des Jahres 1516 einem Heimkehrer, dem Juristen Henning Göde, bis 1509 Anwalt des von Patriziern beherrschten Rates und Mitglied des Kollegiums der Universität. Er hatte damals angesichts der immer brutaleren Krawalle zu seiner eigenen Sicherheit die Stadt verlassen und war bald darauf ganz in den Dienst der feindlichen Nachbarn getreten. Er wurde in Wittenberg Propst der Stiftskirche Omnium Sanctorum und Professor der Universität sowie juristischer Ratgeber des Kurfürsten, der ihm auch diplomatische Missionen anvertraute. Nun ehrten die Erfurter den Friedensbringer Doktor Göde. Vor allem dank seines jahrelangen Bemühens um einen Interessenausgleich zwischen den verfeindeten Lagern war am 25. Oktober zu Naumburg ein Vertrag zustande gekommen, der Vereinbarungen für ungültig erklärte, die Erfurts Obrigkeit seit 1509 mit dem Erzbistum getroffen hatte. Die Bürger anerkannten die Wettiner als Schutz- und Schirmherren und durften deren finanzielle Hilfe in Anspruch.

Für den neuen Mainzer Erzbischof bedeuteten die Zugeständnisse an die sächsischen Regenten eine Niederlage. Verloren gab er die für den kurmainzischen Erzstuhl so wichtige Erfurter Domäne dennoch nicht. Immerhin prägten zu dieser Zeit etwa fünf Prozent der nahezu 20 000 Bewohner das kirchliche Leben der reichen Bürgerstadt. Sie lebten in den elf Klöstern, gehörten zur Universität, waren Amtsträger oder Dienstleute der vier Kollegiatsstifte, der 27 Pfarrkirchen, der Hospitalkirche. Dazu kamen Vertreter benachbarter großer Klöster wie Reinhardsbrunn, Georgenthal und Paulinzella, die in Erfurt, dem »thüringischen Rom«, ihre Niederlassungen hatten.

Zu Beginn des Jahres 1517 erklärte sich Albrecht bereit, zu Kaiser Maximilian in die Niederlande zu reisen, um eine Revision des Vertrages zu erwirken. Den Herren des Domkapitels waren jedoch die dazu erforderlichen finanziellen Aufwendungen zu groß. Das nötige Geld war nicht vorhanden; man steckte wie eh und je tief in Schulden, verweigerte die Zustimmung zur Aufnahme weiterer Kredite. Vor allem Albrechts eigene Ausgaben erschienen ihnen zu groß; von ihm verlangten sie Einsparungen.

Brandenburgs Kurfürst Joachim I. übernahm für seinen Bruder die Mission, vermochte allerdings nicht, den Kaiser von einem Mandat abzubringen, das lediglich den Stand der Dinge bestätigte. Sein Rückweg führte über Mainz. Dem Domkapitel versprach er weiteren Beistand in der Erfurter Angelegenheit. Von den geistlichen Herren und seinem Bruder Albrecht erwarte er allerdings »eynigkeit«.

Brandenburgs Kurfürst Joachim I.

Im Juli befand er sich auf der Reise in seine Berliner Residenz. Ihm war bewusst, dass sich die Erfurter nicht erlauben konnten, die ihnen »von Reichs wegen« zuerteilte Geleitspflicht gegenüber einem brandenburgischen Kurfürsten zu missachten. Er ließ die »Station Erfurt« absichtlich nicht aus. Willkommensbekundungen missachtete er. Grußlos durchritt er die Stadt. Die mit großem Aufwand vorbereitete Bewirtung lehnte er brüsk ab. Die Ratsherren würdigte er keines Blickes.

Albrecht, ranghöchster Kurfürst, Erzkanzler des Reiches, war zu dieser Zeit bereits mit den Vorbereitungen zum Empfang des Kaisers anlässlich eines nach Mainz einberufenen Hoftages beschäftigt. Am meisten aber machte ihm der immer offener zutage tretende Unwillen zu schaffen, mit dem sich einige Kanoniker seinen Weisungen widersetzten. Ihnen gefiel nicht, dass »der Neue« darauf bestand, Regeln eines der Geistlichkeit angemessenen Lebensstils zu befolgen. Offener Protest schlug Albrecht entgegen, als er einen Bediensteten, der sich einer Gewalttat schuldig gemacht hatte, einkerkern ließ. Das harte Durchgreifen erläuterte er einem seiner Magdeburger Vertrauten mit den Worten, seine Mainzer Domherren, »so der andacht warten solten«, hätten sich stattdessen mit Dienern umgeben, »die leut berauben«.

Der Dechant des Domkapitels, Lorenz Truchsess von Pommersfelden, ließ sich während des Mainzer Reichstreffens nicht die Gelegenheit entgehen, den Neuling im hohen Amt lächerlich zu machen. Bei Vorbereitungen zu einer Messe – so beklagte sich Albrecht noch Jahrzehnte später – habe der Dekan ihn »mit hochmutigen stolzen schmachworten angetast«. Als gefragt worden war, »was man für ein responsorium soll singen«, habe der Pommersfeldener laut geantwortet: »Ingressus Pilatus, denn er sey ein narr etc., trag ein weyßes hemd an, gee wie ein nonn…«

Die ironisch-spöttische Bemerkung im vertrauten Kreise wurde zur öffentlichen Stichelei. Die Neigung Albrechts zu besonders weihevollem liturgischen

Gepränge empfanden nicht nur seine ritterbürtigen Mitkanoniker als weibisch.

Mit einem Dekret an seine Administration reagierte Erzbischof Albrecht auf Luthers Kritik der seit Jahrzehnten üblichen Ablasspraxis. Er nannte dessen Darlegungen einen »giftigen irthumb«. Der »vermessen monich« verführe das »gemeyne volck«. Seinen Brief ließ er unbeantwortet. Die Thesen schickte er nach Rom. Der Zuständigkeit der Auftraggeber der Ablassaktion, deren sachgerechter Beurteilung wollte er nicht vorgreifen. Dennoch wies er bereits im 13.Dezember 1517 seine Magdeburger Räte und den Ablasskommissar Tetzel an, jeden Anschein eines Missbrauchs zu vermeiden. Albrecht erhoffte eine kirchenrechtliche Regelung der Angelegenheit. Die »neutrale Abstinenz«, die er an den Tag legte, empfand sogar Tetzel als »listickeyt«. Sie brachte den Chef des Ablasshandels jedoch in die Position des Sündenbocks. Vor den Anfeindungen flüchtete er anderthalb Jahre später ins Leipziger Dominikanerkloster, wo er schwer erkrankte. Luther schrieb ihm, um ihn zu trösten. Die »Sach sei nicht seinetwegen angefangen, sondern (es) hab das Kind einen andern Vater«. Zu den über 2 000 Leipziger Pestopfern gehörte auch Tetzel; er starb am 11. August 1519.

Anfang Februar 1518 entschloss sich Albrecht, einige Zeit im Magdeburger Erzbistum zu residieren. Der Gepflogenheit, die Amtsführung einem weltlichen Statthalter zu überlassen, hatte das Kollegium der Erzdiözese inzwischen ein Ende gesetzt: Vertreter des Erzbischofs durfte nur ein Geistlicher sein. Wiederum nutzte der Domdekan Lorenz Truchsess von Pommersfelden die Gelegenheit, seinen Vorgesetzten zu kränken: Er gab sich zugeknöpft, ließ sich mehrmals bitten, ehe er in die Übernahme der Statthalterschaft einwilligte. Noch deutlicher wurde kurze Zeit später die Opposition der Herren des Domkapitels, als es um ihre Zustimmung zur Verleihung der Kardinalswürde ging. Sie erklärten sich außerstande, die daraus sich ergebenden Kosten zu bestreiten. Nahmen sie dem Erzbischof nun übel, dass die zu seinem Nutzen Ende 1516 verstärkte Ablasskampagne – unter der Aufsicht der Kontrolleure des Bankhauses Fugger – nach dem Bekanntwerden der Thesen des Wittenberger Mönches zu einem Fisko zu werden begann? War nicht längst eingetreten, was die im Jahre 1514 zu Verhandlungen anlässlich der Bewerbung Albrechts um das erzbischöfliche Amt nach Rom entsandte Kommission befürchtet hatte? Sie hatte erst nach großen Bedenken dem Ablassgeschäft zugestimmt, »dan es mochte widerwillen und villeicht anders daraus erwachsen«. Obwohl es auf den Bereich des magdeburgischen Erzbistums und des Bistums Halberstadt begrenzt blieb, war es immerhin das fünfte, das die Kurie seit der Jahrhundertwende veranlasste.

Luther hatte die 95 Thesen am 11. November 1517 auch ans Erfurter Augustinerkloster geschickt. Die Begeisterung, die sie unter den Klosterbrüdern auslöste, besonders unter den Freunden aus der Studienzeit, hatte er nicht erwartet. Sie erfasste in kurzer Zeit viele Menschen in ganz Erfurt. Kein Wunder, dass Erzbischof Albrecht nach seiner Ankunft in Halle den Rat seiner Vertrauten beherzigte, dass »…wir den orden und (die) sache nicht auff uns laden…« Er vermied jeglichen Disput, unterschätzte jedoch die Wirkung der Debatten, tat sie als Händeleien unter Mönchen ab. Auch sein Hofrat Ulrich von Hutten sah das damals nicht anders. Noch Ende März 1518 meinte er, das öffentliche Geschrei entspringe der ewigen Streitsucht der Bettelmönche; es sei Ausfluss ihrer doktrinären Rechthaberei.

Den magdeburgischen Räten, die ihrem Erzbischof angesichts der immer heftigeren Attacken gegen das Ablassgeschäft auch weiterhin Gelassenheit empfahlen, war eine umfassendere Sicht auf politische Gegebenheiten das Gebot der Stunde. Auf keinen Fall wollten sie es mit dem wettinischen Sachsen verderben. Regelungen mussten getroffen werden, die der brüchig gewordenen, aber unbedingt notwendigen Zusammenarbeit wieder eine solide Basis verschafften. Minderwertige Münzen brandenburgischer Herkunft waren in beträchtlichem Umfang über magdeburgische Gebiete ins Sächsische gelangt und nun überall im Umlauf. Um angedrohten Sanktionen zu entgehen, brachte der Erzbischof, unterstützt von den Mansfelder Grafen, Mitte Mai 1518 Verhandlungen mit den Wettinern zustande. Sie führten im Januar 1519 zu einer Vereinbarung, die Albrechts Bruder sehr verärgerte. Kurbrandenburgische Münzen, die nicht dem geforderten Prägestandard entsprachen, wurden auf beiden Territorien nicht mehr zugelassen.

In diesem Sinne hatten die Kurfürsten Albrecht von Mainz und Friedrich von Sachsen bereits am Rande des Augsburger Reichstages weitere strittige Angelegenheiten erörtert. Auch im Erfurter Streitfall bemühten sie sich um Entspannung. Familiär herzlich waren ihre Begegnungen im Januar 1519. Albrecht, dessen vor 20 Jahren verstorbener Vater eine Tante Friedrichs geheiratet hatte, war fünf Tage Gast seines kursächsischen Nachbarn in dessen Torgauer Residenz. Wie üblich gab es nicht nur politisch Brisantes zu bereden. Man war unter seinesgleichen. Geselliges Beisammensein dominierte. In fröhlicher Ausgelassenheit endete ein Jagdausflug nach Lochau.

Albrecht hoffte, in den kommenden Monaten die päpstliche Erlaubnis zum Umbau der alten hallischen Dominikanerkirche in eine Stiftskirche zu erlangen. Das Neue Stift sollte mit Werken der besten Künstler ausgestattet werden. Wurden bereits Angelegenheiten erörtert, die den »Jahrhundert-Auftrag« betrafen, den der Herr des Erzbistums im Einvernehmen mit seinem Gastgeber dessen Hofmaler Lucas Cranach d. Ä. und seiner Wittenberger Werkstatt zu erteilen beabsichtigte? Weiteren Gesprächsstoff boten die Reichtümer ihrer Sammelleidenschaft, obwohl sie sich auch hier noch als Konkurrenten gegenüberstanden. Albrechts Neues Stift sollte Pilgerstätte sein, Heimstatt kostbarer Reliquien. Sein Amtsvorgänger, Erzbischof Ernst von Wettin, hatte die Sammlung begründet. Sie war in der Moritzburg in immerhin 50 Reliquiaren aufbewahrt worden. Zur Erweiterung dieses Grundstocks scheute Albrecht weder Mühe noch Kosten.

Besonders bewegte in diesen Januartagen des Jahres 1519 die beiden Kurfürsten die wegen der unheilbaren Krankheit Maximilians I. schwelende Debatte um die in absehbarer Zeit erforderliche Wahl eines neuen Herrschers auf dem Thron des »römischen Reiches«. Aber schon während seines Aufenthalts in Torgau erreichte Albrecht die Nachricht vom Tode des Kaisers. Er reiste sofort in die mainzische Residenz zurück.

Nur wenige Tage nach Kaiser Maximilians Bestattung eskalierte der seit einiger Zeit schwelende Erbschaftsstreit um die Grafschaften Jülich, Berg und Ravensberg. Der Herzog von Braunschweig-Lüneburg und der Hildesheimer Bischof waren am Ostermontag des Jahres 1519 mit großem militärischen Aufgebot in das Bistum Minden eingefallen. Kurfürst Friedrich musste unverzüglich das ihm bei Thronvakanz obliegende Amt eines Reichsvikars ausüben, des Stellvertreters in den Ländern sächsischen Rechts. Seine Forderungen, die Feindseligkeiten einzustellen, fanden kein Gehör.

In den folgenden Monaten wurde das Geschacher um die Thronfolge immer heftiger. Joachim von Brandenburg bahnte mit zwei Mitgliedern des Kurfürstenkollegiums, dem Pfalzgrafen bei Rhein und dem Kölner Erzbischof, ein antihabsburgisches

Kaiser Karl V. zur Zeit seiner Erwählung.

Bündnis an; er rechnete dabei auch mit Albrechts Stimme, ohne ihn gefragt zu haben. Doch sein Bruder brachte insgeheim eine prohabsburgische Koalition ausgerechnet mit jenen zustande, denen Joachim den französischen Kandidaten empfohlen hatte, auch mit dem Hinweis auf dessen zahlungskräftige Freigiebigkeit. Mit diplomatischem Geschick vollzog Erzbischof Albrecht den taktischen Schwenk. Er widersetzte sich zum ersten Mal der "herrischen Dominanz" seines Bruders, der dazu zunächst nur zu sagen wusste, Albrecht sei auf dem "holtzweg". Er vermochte nicht zu verhindern, dass auf dem Augsburger Reichstag der Wahlausgang schon mehrere Wochen vor dem Wahltag sicher war. Die böhmische Stimme im siebenköpfigen Kurfürstenkolleg gehörte zur habsburgischen Seite, denn schon seit 1516 war der ein Jahr vorher beschlossene Vertrag zur Verheiratung Ferdinands, des erst 13-jährigen Enkels Kaiser Maximilians, mit Anna, der Tochter des ungarischen und böhmischen Königs Wladislaw II., nach einer Ferntrauung rechtskräftig (ehelicher Vollzug 1521 nach vollendetem 18. Lebensjahr des Bräutigams).

Kurfürst Friedrich, dem die meisten Reichsfürsten die Kandidatur geradezu aufzudrängen versucht hatten, weigerte sich beharrlich, bei diesem Machtpoker in die Rolle eines Nothelfers zu geraten. Eine Episode, die erst Jahre später bekannt wurde, charakterisiert am treffendsten, worauf es damals im Ringen um eine wahrhaft epochale Entscheidung ankam. Nach der Wahl Karls V. am 28. Juni 1519 fragte Kurfürst Friedrich einen seiner Räte, wie er dieses Ergebnis beurteile. Er antwortete: »Die Raben müssen einen Geier haben.«

Die 851 918 Gulden, mit denen sich, den Gepflogenheiten entsprechend, Karl V. bei denen bedankte, die ihm ihre Stimme gegeben hatten, wurden zur geschichtsträchtigen Kapitalanlage. Am 24. April 1523 mahnte Jakob Fugger den Herrscher: »Es ist auch wissentlich und liegt am Tage, dass Eure Kaiserliche Majestät die Römische Krone ohne mich nicht hätte erlangen mögen… denn wenn ich von dem Haus Österreich abstehen und Frankreich fördern hätte wollen, wollt ich groß Gut und Geld, wie mir damals geboten worden, erlangt haben. Was aber Eurer Kaiserlichen Majestät und dem Haus Österreich an Nachteil daraus erstanden wäre, das haben Eure Kaiserliche Majestät aus hohem Verstand wohl zu erwägen.« Der Kaiser war nicht zahlungsfähig; er beglich die Schulden auf eine Weise, wie sie auch schon bei seinem Vorgänger üblich war: er zahlte mit Machtanteilen. Er verschrieb den Fuggern die Regalpacht spanischer Quecksilbergruben.

Erzbischof Albrecht erfreute sich der besonderen Gunst des »Erwählten«: Er erhielt 31 000 Gulden sowie wertvolle Sachgeschenke, dazu eine jährliche Pension von 10 000 Gulden. Karl V. bestätigte ihn als Reichserzkanzler und versprach ihm Unterstützung in der Erfurter Angelegenheit. Sogar Albrechts beharrliche Fürsprache für den wegen seiner profranzösischen Haltung in Ungnade gefallenen Bruder Joachim hatte Erfolg. Karl V. gewährte dem für die Reichspolitik so gewichtigen Hohenzoller gnädiges Verzeihen. Nach der Wahlkapitulation – einige Kapitel hatte Albrecht stark beeinflusst – kam eine Reichsverfassung zustande, die die territorialstaatliche Eigenständigkeit der Reichsfürsten festigte und dem Erzkanzleramt auf föderaler Basis die Bedeutung verschaffte, die es im Alten Reich bis zu dessen Auflösung im Jahre 1802 hatte.

In die Hildesheimer Stiftsfehde, in den Streit um das reiche Erbe im Nordwesten des Reiches, bei dem es auch um französische und sächsische Ansprüche ging, vermochte der junge Kaiser nicht einzugreifen, da er in kriegerische Aktionen außerhalb des Reiches verwickelt blieb. Bereits am Tage seiner Wahl war es bei Soltau zu einer blutigen Schlacht gekommen, die die Hildesheimer Verbündeten gewonnen hatten. Die Unterlegenen hatten sich aber nicht geschlagen gegeben, sondern sich rasch zu neuen Waffengängen gerüstet. Kurfürst Friedrich, dem Kaiser Maximilian I. auch die Vertretung in absente regio (in Abwesenheit des Königs) anvertraut hatte, auf Länder sächsischen Rechts begrenzt, sah sich nun weiterhin in der Rolle des Vikars, obwohl Karl V. in seiner »Verschreibung« die Statthalterschaft nicht erneuert hatte. Einige Räte, auch einer der kaiserlichen, empfahlen dem sächsischen Kurfürsten, dennoch zu handeln, jedoch nicht allein, sondern gemeinsam mit den beiden Hohenzollern, Albrecht von Mainz und Joachim I. von Brandenburg.

Die Erbschaftswirren, die zur Fehde geführt hatten, sollten im Januar 1520 auf einem nach Zerbst einberufenen Treffen entflochten werden. Vor allem beide Sachsen, das kurfürstlich-ernestinische und das herzoglich-albertinische, sowie Erzbischof Albrecht drängten auf einen Vergleich, der zumindest vorläufig die Verfeindeten zur Mäßigung zwingen sollte. Immerhin: Man wurde sich einig, dass man sich einigen könne. Albrechts Berater Ulrich von Hutten gab dem Stimmungshoch mit den Worten Ausdruck, nun erweise sich, dass Sachsen die deutsche Hauptnation sei. In der auf Verständigung bedachten Runde soll Kurfürst Friedrich, wie Luther später berichtete, »gefallen und hoffnung zu dem Bisschove« gehabt und sich »sein so gefreuet« haben, »als der ein tröstlich Fürst dem Reich« sein werde. Friedrich beeindruckte Albrechts Aufgeschlossenheit gegenüber den Reformideen der Anhänger Luthers. Er äußerte Freude darüber, dass auch Albrecht zu »mausern« wagte (sich mausig machte).

In der Hildesheimer Angelegenheit war ein Bedenken beschlossen worden, ein »Anstand«; die Entscheidung sollte am 13. Mai getroffen werden, wiederum in Zerbst. Alle Beteiligten hatten bis zu diesem Zeitpunkt den dazu erforderlichen Kompromiss zu erarbeiten. Friedrich konnte an diesem zweiten Treffen infolge Erkrankung nicht teilnehmen. Er hätte ohnehin nichts bewirkt. Die Kommissare des Kaisers waren an einem Ergebnis nicht interessiert. Sie spielten auf Zeit. Sie überließen Friedrich die Sache noch zwei weitere Jahre. Ihm blieb nichts anderes übrig, als »sovil zu handeln, ob die sachen in andere weg mochten bracht und die beschwerung abgewand werde«.

Auf dem Wormser Reichstag konnte Friedrich das Hin und Her der Bemühungen um eine Klärung der Erfurter Angelegenheit nur sporadisch verfolgen. Er war seit Februar ernstlich erkrankt. Zwei Tage vor der Verkündung des Edikts musste er sich auf die Heimreise begeben, in der Sänfte des um ihn sehr besorgten Kardinals. Die Reichsacht über Luther, einige Wochen nach dem päpstlichen Bann, war vor allem ein diplomatischer Akt: Karl V. offerierte dem Papst, dem neuen Verbündeten, die Gewähr ihrer Absprachen über machtpolitische Interessen in Italien. Die Verständigung mit Leo X., bislang antihabsburgischer Partner des französischen Königs, kam auch Albrechts Bemühen entgegen, sich der Kurie unentbehrlich zu machen. Er verstärkte sein Streben nach patriarchalischer Hoheit im Amte eines Legaten.

Den Erfurter Konflikt nutzte Albrecht zu Verhandlungen am Rande des Reichstags. Ihm wurde unverhofft allerhöchste Aufmerksamkeit zuteil, nachdem über schwere Ausschreitungen Erfurter Bürger und Studenten und auch aus dem Umland herbeigeeilter Bauern berichtet worden war. Sie hatten im Juni 1521 die Häuser der Kanoniker geplündert, über 40 Kirchenämter sowie die Stifte St. Marien und St. Severi verwüstet. Albrecht erlangte am 29. Juli ein kaiserliches Mandat, das den Erfurter Ratsherren auferlegte, die gegenüber Sachsen eingegangenen Verpflichtungen aufzukündigen, die alten Mainzer Rechte wiederherzustellen und sich wegen ihres Ungehorsams auch vor dem Reichskammergericht zu verantworten.

Bei Kurfürst Friedrich entschuldigte er sich am 6. August schriftlich für diese auch für ihn, wie er betonte, unerfreuliche Wendung. Leider hätten die Herren des Mainzer Domkapitels die Wormser Vereinbarungen, die auf einen Vergleich hinausliefen, nicht akzeptiert. Er sei aber weiterhin guten Willens, alles zur Zufriedenheit beider Seiten zu regeln. Doch Friedrich sah sich von Albrecht arglistig betrogen. Er verzieh ihm den »Verrat« nicht, gab dies gelegentlich auch deutlich kund: »Nu hat mich mein lebenlang kein mensch also beschissen als der Pfaff.«

In Erfurt hatte schon wenige Wochen nach der Verkündung der Anti-Ablass-Thesen gegen Ende des Jahres 1517 vor allem unter jungen Gelehrten Martin Luthers Bezug auf die Botschaft des Apostels Paulus an die Römer (3,28) großen Anklang gefunden: »So halten wir nun dafür, dass der Mensch gerecht werde... allein durch den Glauben.« Den mittels Flugschrift verbreiteten Text der Bulle, die im Juni 1520 dem mutigen Gelehrten den Kirchenbann androhte, hatten Studenten unter begeisterter Zustimmung auch zahlreicher Bürger in die Gera geworfen.

Herzlich begrüßten am 6.April 1521 schon vor den Toren der Stadt der Rektor der Universität, der Humanist Crotus Rubeanus, mit großem Gefolge sowie herbeigeeilte Bürger und Landleute den nach Worms Reisenden. Im Triumphzug gelangte Luther zu seinem Quartier. Am nächsten Tag predigte er in der vollbesetzten Kirche des Augustinerklosters; danach wurde ihm ein festlicher Empfang in der Universität zuteil.

Die Kunde über die Erfurter Krawalle, das zerstörerische Gebaren der Aufsässigen, erreichte Luther in seinem Versteck, das ihm seit 4.Mai 1521 Unterschlupf bot. Wie sehr sich nach diesen Vorkommnissen die Stimmung in Erfurt geändert hatte, erlebte er auf seiner Inkognito-Reise, die ihn im März 1522, überraschend auch für seine Vertrauten, nach Wittenberg geführt hatte. Auf dem Rückweg soll er am 2. Mai im Erfurter Gasthaus »Hohe Lilie« unversehens mit einem Tischnachbarn, einem »Pfaffen«, in einen Disput geraten sein. Nach heftigem Wortwechsel sei der Widerpart stutzig geworden und »Junker Jörg« habe sich mit einigem Geschick in eine

Martin Luther als »Junker Jörg«, 1521/22.

Situation gebracht, die es ihm erlaubte, sich rasch davonzumachen.

Wie nachhaltig Luthers Entsetzen über die Gewaltakte und deren Folgen war, lässt sich daran ermessen, dass er sich im Juli 1522 mit einem »Sendschreiben« an die Erfurter wandte. Er warf den Stadtvätern vor, dem zerstörerischen Werk zu spät begegnet zu sein. Beide, die Aufrührer und die Ordnungshüter, hätten »Schande über unser Evangelium« gebracht. Immerhin: Die einen, Angehörige der Universität, hatten den hochgelehrten Herren des Kollegiatsstifts St. Marien die Zähne gezeigt, die anderen waren ebenfalls darauf bedacht, Privilegien der Geistlichen abzubauen, um die erzbischöfliche Herrschaft noch mehr zu begrenzen.

Luther warnte auch vor rabiaten Aktionen gegen Rituale, nachdem es zu Ausschreitungen gegenüber

Gläubigen gekommen war, die Erfurts Schutz-
patrone Eoban und Adolar ehrten. Die Gebeine der
Mitstreiter des Bonifatius waren beim Bau des
Domes entdeckt worden und wurden in ihm seit
etwa 1350 in einem prächtigen Sarkophag als Reliquien bewahrt. Luthers »Epistel oder Unterricht von
den Heiligen an die Kirche zu Erfurt« mahnte zur
Besonnenheit. »Götzenbilder und Winkelmessen«
brauche man nicht zu verbieten; sie erübrigten sich,
wenn ein jeder dem »wahren Evangelium« Herz
und Hirn öffne. Zeitgemäß erschien die Prozession
zu Ehren der Stadtheiligen vielen schon damals
nicht mehr. 1525 wurden der Silbersarg und zahlreiche Kleinodien auf Geheiß des Rates dem Schmelz-
tiegel zugeführt und zu Geld gemacht.

Nach seinem Wartburgexil war Luther erneut
nach Erfurt gekommen – auf Bitten seines Freundes
Johannes Lang, eines Mitbruders der Erfurter Klos-
terjahre, der unlängst wie andere Mönche und Non-
nen dem Klosterleben den Rücken gekehrt hatte. Mit
Predigten am 21. Oktober 1522 in der Michaelis-
kirche (»Vom Kreuz und Leiden eines Christenmen-
schen«) und am 22. Oktober in der Kaufmannskir-
che, mit deutlichem Bezug auf die Widersacher im
benachbarten Collegium maius der Universität, er-
mutigte er seine Anhänger, auch persönliche Anfeindungen geduldig hinzunehmen, der ursprünglichen
Botschaft des Evangeliums zu vertrauen und in dieser Glaubensgewissheit konservativen Altgläubigen
die Stirn zu bieten. In Erfurt und seinem Umland
wurde nun immer öfter evangelisch gepredigt.
Evangelisches Gemeindeleben kam auf, nachdem
1523 der erste Geistliche, Aegidius Mechler, geheiratet hatte.

Ende März 1525 rotteten sich Tausende Bauern aus der Umgebung vor den Toren Erfurts zusammen. Besonders kritisch wurde es, als Erfurts Ratsherren die Rebellen nach langen Verhandlungen am 28. April durch das Augusttor in die Stadt einmarschieren ließ. Sie gelangten dadurch auf kürzestem Wege zum Zentrum der erzbischöflichen Herrschaft und ließen ihre Zerstörungswut an den Domizilen der Kleriker und am Hofe des mainzischen Statthalters aus. Die Geistlichen flüchteten.

War das der Anfang vom endgültigen Ende der Herrschaft des Mainzer Erzbistums über Erfurt? Auch das Symbol dieser »erbherrlichen« Obrigkeit, die Statue des Heiligen Martin von Tours, des Patrons der Erzdiözese, war zerstört worden. Eine Verfassung mit 28 Artikeln wurde erarbeitet. Pfarrer sollten fortan von Gemeindemitgliedern gewählt werden, damit sie »das lauter wort gottes« verkündeten, wie Luther es lehrte, und Entscheidungen des städtischen Rates galten erst, wenn »Gemeinde« und »Landschaft«, also Bürger und Bauern, Zustimmung erteilt hatten. Am 5. Mai deklarierte die Ratsversammlung die Entbindung vom Treueid auf den »rechten Erbherrn«. Dem »Bürger-und-Bauern-Rat«, der sich »Ewiger Rat« nannte, erschien es an der Zeit, Martin Luther und Philipp Melanchthon nach Erfurt einzuladen. Doch die Schlacht bei Frankenhausen am 15. Mai veränderte die Situation schlagartig. Bereits am 6. Juni amtierte wieder der alte städtische Rat. Vier Bauernführer wurden zum Tode verurteilt und ihren Gefolgsleuten hohe Geldbußen auferlegt. Luthers Antwort traf erst im September in Erfurt ein. »Wider Gott und Vernunft« seien die 28 Artikel, die »das unterst zu oberst« kehrten und das oberste Gremium der Stadt zum Knecht der Gemeinde machten.

Den Ratsherren war Versöhnung das Gebot der Stunde, auch in Religionsfragen. Die vertriebenen Geistlichen kehrten in ihre Ämter zurück. An der Entscheidung »die Evangelischen odder die Bepstischen«, an einem Entweder-oder, wozu Luther aufforderte, waren weder sie noch der Mainzer Erzbischof interessiert. Die sächsischen Schutzherren hätten leichteres Spiel in ihrem Bestreben gehabt, ihre territorialherrschaftliche Dominanz noch stärker zu entfalten, wenn es die Mainzer Statthalterschaft nicht mehr gäbe. Die in Jahrhunderten mühsam gefestigte und oft genug auch aufopferungsvoll verteidigte Eigenständigkeit Erfurts und seines »Ländchens« wäre zerbröckelt. So blieb es bei einem Gerangel »auf eigenem Parkett«; zeitweilig hatte die eine konfessionelle Seite die Oberhand, dann wieder die andere. Unter den Evangelischen gab vor allem das Ratsmitglied Adolar Huttener den Ton an, während der stürmischen Tage des Jahres 1525 der Prediger Eberlin von Günsburg und nach ihm dann Luthers Freund Johannes Lang, der »Reformator Erfurts« wurde. Mit seinen eindrucksvollen Messen im Dom St. Marien erlangte auch der katholische Geistliche Konrad Kling großen Einfluss auf die Bürger; Johannes Lang trat an gleicher Stelle mehrmals sogar unmittelbar nach dem redegewandten Franziskaner auf »evangelische Weise« auf. Zeitweilig hatte in diesem konfessionellen Gerangel »auf eigenem Parkett« die eine Seite die Oberhand, dann wieder die andere. In den Streit griff auch Luther am 11. Oktober 1529 ein; in der Barfüßerkirche hielt er seine letzte Erfurter Predigt.

Seit 1525 hatten sich in über 500 Städten und Dörfern des Reiches »Täufergemeinden« gebildet. Wieviel neuer Zündstoff sich nach den Bauernaufständen angehäuft hatte, ließ die von dem Nürnberger Buchdrucker und Buchhändler Hans Hergot verbreitete Schrift »Von der newen wandlung eynes Christlichen Lebens« erkennen. Eine neue Welt werde denen zugutekommen, die die Stimme des himmlischen Vaters in sich vernehmen und sich in freudiger Erwartung des nahenden Endes der Welt taufen lassen. Mit ihresgleichen erstrebten sie eine Gemeinschaft, die sich auf das »ewige Leben« vorbereitet, »von aller beschwerung« (Abgaben, Fron, Steuern) erlöst ist: »alle dinge werden ynn gemeynen brauch komen, so das es keyner besser haben wird den der ander.« Hans Hergot, der die Erzeugnisse seiner Druckerei auf vielen Märkten anbot, wurde wahrscheinlich in Zwickau aufgegriffen, vom Hofgericht des sächsischen Herzogs Georg zum Tode verurteilt und am 20. Mai 1527 auf dem Marktplatz zu Leipzig enthauptet.

Gegen die im ganzen Reich wiederbelebte brutale Verfolgung der »Unzufriedenen« wandte sich Martin Luther mit seiner Schrift »Von der Wiedertaufe an zween Pfarrherrn«. Es sei ihm »nicht recht und wahrlich leid, dass man solche elenden Leute so jämmerlich ermorde, verbrenne und greulich umbringe… Man soll einen jeglichen lassen glauben, was er will. Glaubt er unrecht, so hat er Strafe genug an dem ewigen Feuer«. Ihre Wortführer allerdings, die andere aufwiegelten, müsse man des Landes verweisen.

Um die Jahreswende 1527/28 versuchten ehemalige Mitstreiter Thomas Müntzers, »Schwarmgeister« wie der Pfarrer von Nottleben und seine Anhänger, die Erfurter Obrigkeiten ob ihrer »faulen Kompromisse« mit Feuer und Schwert zu vertilgen. Sie wollten in die Stadt eindringen, einen »christlichen Bund« schließen, um auch hier die Herrschaft der »Täufer« zu errichten. Das Vorhaben misslang. Zwölf Rädelsführer wurden hingerichtet. Die Vorgänge waren aber dazu angetan, die konservativen Kräfte zu stärken, den Wirkungskreis der evangelisch-lutherischen Mitglieder des Rates zu schmälern. Der Oberratsmeister Adolar Huttener verlor 1530 sein Amt an den Katholiken Christoph von Milwitz.

Unfrieden herrschte überall im Reich. Zu Beginn der dreißiger Jahre fanden Flüchtlinge, die mit ihrer »schwärmerischen« Weltsicht von lutherischen Reformideen beträchtlich abwichen, vor allem in Münster Aufnahme. Luther warnte nunmehr den Magistrat der westfälischen Stadt vor den Zuzüglern, »welche immer zum Aufruhr geneigt sind, sich in politische Sachen mischen und keck regieren wollen«, damit alles »nach dem Beispiel der Apostel gemein sein« solle. Den Angehörigen der Innungen waren sie jedoch willkommene Bundesgenossen gegen die Vorherrschaft des Patiziats im städtischen Rat. 1534 setzten sie die Anerkennung der Täufergemeinde durch, die nun immer mehr Zulauf aus allen Richtungen des Reiches erhielt. Alteingesessene machten sich davon, überließen den »Neubürgern« das Feld. In ihrem »Gottesstaat« wurden Geld und jeglicher Handel verboten, Gütergemeinschaft war oberstes Gebot, Polygamie ein »Akt des sozialen Denkens und der Fürsorge« (H. Winter). Am 23.Dezember 1534 hielt es Sachsens Herzog Georg für erforderlich, ein Mandat gegen die »wahnwitzigen Neugläubigen« zu erlassen. Er forderte die härteste Strafe für sie, ganz im Sinne des 1529 vom zweiten Speyrer Reichstag bestätigten Erlasses, der die Todesstrafe zum »gerechten Strafmaß« erklärt hatte.

In Erfurt hatte der Konfessionsstreit zu der Einsicht geführt, man müsse sich um des lieben Friedens willen dazu aufraffen, »auf beiden Schultern zu tragen«. Man hütete sich vor Absprachen, die die politische Stabilität des Gemeinwesens gefährden konnten. Es wurden auch Strukturen geschaffen, die einem konfessionellen Nebeneinander sogar bis zur Auflösung des Reiches um 1800 dienlich waren.

Das Wahrzeichen Erfurts mit der Stadtfahne. Von den Bürgern »der Römer« genannt.

Großen Anteil an diesem Kompromiss hatte Erzbischof Albrecht. Sein Beharren auf den Mainzer Hoheitsrechten führte 1530 zu einer Vereinbarung. Im unterfränkischen Hammelburg wurde ein Vertrag unterzeichnet. Erfurt gewährte den katholischen Klerikern eine finanzielle Entschädigung für die ihnen während des Bauernkrieges zugefügten materiellen Verluste. St. Marien und St. Severi wurden wieder Stiftskirchen der Katholischen; ihnen gehörten weitere sechs Gotteshäuser sowie das Peterskloster, das Schottenkloster, das Kartäuserkloster und die drei »Frauenklöster« (Cyriak, Neuwerk, Weißfrauen). Evangelische Gemeinden verfügten über alle anderen Kirchen. Damit waren grundlegende Voraussetzungen geschaffen für das Nebeneinander beider Konfessionen innerhalb des städtischen Gemeinwesens, dem weitgehende Unabhängigkeit von territorialherrschaftlicher Oberhoheit oberstes Gebot war. Immerhin: Ein erster evangelischer Universitätsrektor zu Erfurt trat 1563 sein Amt an. Drei Jahre später wurde dank einer Bürgerstiftung eine theologische Professur Augsburger Konfession am Collegium maius eingerichtet. Die Erfurter war damit die einzige Universität, an der man sich mit den Lehren beider Konfessionen befasste. Doch hin und wieder kam es zu Spannungen unter den Bürgern, durch konfessionelle Gegensätze hervorgerufen. Es gab genügend Anlässe für bitterböse gegenseitige Beschuldigungen und besserwisserische Behauptungen, aber man begnügte sich mit dem »Einanderbösesein«. Gebot der Vernunft war schließlich das Prinzip »Ruhe ist die erste Bürgerpflicht«.

Als sich gegen Ende des Jahrhunderts die Metropolis Thuringiae nach den harten Prüfungen der zwanziger, dreißiger, vierziger und fünfziger Jahre weiterhin ihrer »ordentlichen und Christlichen obrigkeit« erfreute, lag dem kurmainzischen Erzbischof viel daran, die im Zentrum der Stadt 1525 zerstörte Statue des Heiligen Martin, des Patrons des Erzbistums, wiedererrichten zu lassen. Der legendäre Sohn eines römischen Tribuns, in Pannonien (im heutigen Ungarn) geboren, war junger Soldat in römischen Diensten, bevor er sich taufen ließ und als Apostel Galliens 371 Bischof von Tours wurde. Der Beschluss des Erfurter Stadtrates am 6. November 1591 galt deshalb einem altrömisch geharnischten »Mann auf der Säule« »zum Beweißtum ihrer Freyheit so die Stadt von alten Zeiten her gehabt«: In der Rechten hält er einen langen Stab mit der Stadtfahne mit dem sechsspeichigen silbernen Rad auf rotem Grund, Erfurts Stadtwappen, Ende des 13. Jhs. dem des kurmainzischen Bistums entlehnt, schon damals aber auch Symbol der neuen Erfurter Bürgerwehr.

Halle – zwei Jahrzehnte ein »Trutz-Rom«

Seit dem 11. Jh. hatte sich aus alten Siedlungen in der Nähe von Solquellen ein städtisches Areal entwickelt, das die Bewohner Halla nannten, nach einem einst hier errichteten »halhus«, einer Salzsiederei. Eine Burg auf dem Giebichenstein bot den Pfännern Schutz. Im Jahre 961 hatte Kaiser Otto I. den Ort und die Reichsburg dem Magdeburger St.-Moritz-Kloster geschenkt, der »Keimzelle« des 968 gegründeten Erzbistums. Für die Salinen fanden sich Pächter, deren Salzgeschäft bald florierte. Einige von ihnen wurden seit dem 13. Jh. zu Eigentümern ertragreicher Pfännereien. In Geldnöte geratene Herren des magdeburgischen Erzbistums hatten ihnen im Laufe der Zeit die wirtschaftliche Nutzung ihrer Hoheitsrechte über die Bodenschätze gegen beträchtliches Entgelt übertragen.

Reiche Salzherren erlangten das Sagen in der Stadt, die nach 1310 weitgehende Autonomie genoss. Doch dem Patriziat der Pfänner leisteten seit Ende des 14. Jhs. Handwerkerinnungen Widerpart. Sie forderten Anteil am Stadtregiment. Den Übergang der landesherrlichen Gewalt in die Hände eines Angehörigen der mächtigen kursächsischen Wettinerdynastie nutzten Vertreter dieser Bürgergemeinde, ihren Interessen Geltung zu verschaffen. Der erst 14-jährige Ernst von Wettin, dritter Sohn des Kurfürsten Ernst, war nach päpstlichem Dispens, in Verhandlungen mühsam erlangt, im Jahre 1476 zum Metropoliten der Kirchenprovinz gewählt worden. Aber auch in Halle waren der Befugnis des Erzbischofs, herrschaftliche Rechte wahrzunehmen, seit langem Grenzen gesetzt. Wie die Erfurter und Magdeburger Stadtherren strebten die Hallenser nach reichsunmittelbarer Eigenständigkeit.

Den Herren des Domstifts bot der sich verschärfende Konflikt unter den Bürgern willkommenen Anlass, den aufbegehrenden Meistern, Kleinmeistern und Kleinhändlern kraftvollen Beistand zu versprechen. Ihre Vertrauensleute zettelten unter den Unzufriedenen im September 1478 einen »Stadtstreich« an: Rebellen öffneten rasch herangeführten erzbischöflichen Truppen die Tore. Das sächsische Herrscherhaus konnte die auf diese Weise stabilisierte Erweiterung seines Einflussgebietes feiern und noch intensiver die geistliche und weltliche Karriere seines Sprösslings fördern. Das geschah alsbald: Der Landtag, nach Calbe einberufen, billigte zu Beginn des Jahres 1479 den Plan des Erzbistums, »sonder Verzug bei oder in Halle ein festes Schloss zu erbauen, um die Stadt besser in Gehorsam und Ruhe zu erhalten«.

Die erste Hürde auf diesem Weg wurde noch im gleichen Jahr gemeistert: Die Solgüter der Pfänner wurden »eingezogen«, um mit deren Erträgen die neuartige Kombination von Schutz-und-Trutzburg samt bischöflicher Residenz sowie Wohn- und Verwaltungstrakt zu finanzieren. Doch die Vermessungs- und Planungsarbeiten verzögerten sich mehrmals. Das vorgesehene Gelände war für einen Festungsbau nicht geeignet. Im Nordwesten der Stadt, auf dem Areal des ehemaligen Judendorfes, noch im Bereich der Stadtmauern, wurde endlich am 25.Mai 1484 bei einer feierlichen Prozession der Grundstein gelegt. St. Mauritius, der Schutzpatron

Halles Stadtrecke »Roland«.

des Erzbistums, war Namenspate. Die Ratsleute
hatte der Erzbischof schon 1480 vom Anblick ihres
Stadtrecken Roland befreien und ihnen eine Mauri-
tiusstatue vor die Tür setzen lassen. Nun wurde
»Moritzburg« erbaut, ein »festes Schloss«, umwehrt,
wie es sich für eine Burg gehört. Sie war 1503 be-
zugsfertig. Am 25. Mai übernahm Ernst von Wettin
seine Arx insuperabilis, seine »unüberwindbare
Feste«, deren Innenhof auch groß genug war für Prä-
sentationen fürstlicher Hoheit. Die Magdalenen-
kapelle auf dem Burggelände, die er 1509 weihte,
wurde Herberge und Schaustätte seiner Reliquiensammlung.

Ernst von Wettin hatte nun die Absicht, die
Schlosskapelle der Moritzburg zur Stiftskirche zu
erheben. Doch mit diesem Projekt stieß er auf ener-
gische Gegnerschaft. Die Halberstädter und Mag-

deburger Domherren lehnten eine so gewichtige Verlagerung erzbischöflicher Präsenz in die »Provinz« ab. Noch mehr geistliches Personal statt der im Jahre 1505 für das Moritzburger Domizil bestätigten Ausstattung mit 14 Priestern, zehn Sängern und zwei Gehilfen hätte der Hallenser »Niederlassung« einen Vorrang gegenüber der Magdeburger Zentrale der Kirchenprovinz verschafft und vor allem deren Etat geschmälert. Auch der Stadtrat von Halle sah seinen mühsam behaupteten Rest der einstigen Selbstverwaltung noch mehr eingeschränkt. Erzbischof Ernst gab seine Erweiterungspläne auf. Aber er verfügte testamentarisch, dass die Sammlung der Heiltümer mit ihren reich ausgeschmückten Reliquiaren nach seinem Tode nicht in der Burgkapelle verbleiben, sondern dem Magdeburger Dom zugeführt werde, wenn Halle nicht doch noch ein Stift bekomme.

Albrecht von Brandenburg gelangte am 22. Mai 1514 erstmals in seine Hallenser Residenz. Schon kurz nach seinem Einzug in die Moritzburg be-

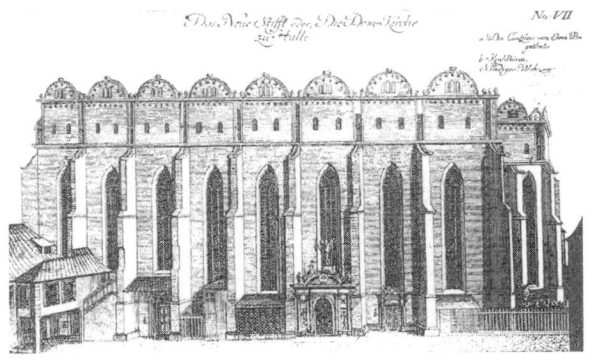

Neues Stift zu Halle.

glich er die Schulden seines Vorgängers. Zum Ausgleich dafür ließ er sich sämtliche Reliquien und Kleinodien übereignen. Die Magdeburger Domherren hatten der Transaktion zugestimmt, nachdem er versichert hatte, dass an der Moritzburg kein Stift errichtet werde. Er gedachte die Sammlung zum Grundstock einer viel größeren zu machen. Sie sollte die 19 013 Stücke übertreffen, mit der Kurfürst Friedrich im Verlauf zweier Jahrzehnte sein »Wittenberger Heiltum« hatte ausstatten lassen. Die Neubau-Idee war damit aber nicht aus der Welt. Nachdem Albrecht – zum Kardinal erhoben – sich eines höheren Beistandes sicher war, griff er sie wieder auf. Am 13.April 1519 erlaubte ihm der Papst die erzbischöfliche Stiftskirche. Da er sich mit den Oberen der Stadt ins Einvernehmen zu setzen bemüht war, blieb er auf »eigenem« Territorium. Die alte Heimstätte der Dominikaner wurde »aufgehoben«. Die Mönche erhielten ein anderes Domizil. Kloster Neuwerk wurde zur Baustelle. Auch damit suchte er Zank und Streit entgegenzuwirken, der die Stadtherren bereits in Papisten und Lutheraner zu spalten drohte. Noch längst nicht vergessen waren offensichtlich die rigorosen Eingriffe seines Amtsvorgängers in die städtischen Belange im Jahre 1478. Mit einflussreichen Bürgern gelangte er ins Einvernehmen. Der Rat der Stadt erhielt Patronatsrechte; er redete bei der Besetzung der Klerikerstellen mit. Die Dominikanerkirche, ein schlichter frühgotischer Hallenbau aus dem 13. Jh., wurde in den Jahren 1520 bis 1523 zu einer repräsentativen Stiftskirche umgebaut, Zentrum des neugegründeten Neuen Stifts. Es wurde der eindrucksvollste Sakralbau, den es damals weit und breit überhaupt gab, von den Bürgern später auch Dom genannt. Das Hauptgesims erhielt eine Attika, einen Aufbau, der das Dach verdeckt. Einen prächtigen Dachkranz im Stile italienischer Bauwerke bildeten seit 1526 Rundbogengiebel mit Lilienfresken und aufgesetzten vergoldeten Kugeln. Die Synthese herkömmlicher spätgotischer Elemente mit denen der Renaissance verlieh dem Bauwerk besonderen Glanz. Es verdankte seine Einmaligkeit einem Konzept des Kardinals, im magdeburgischen Erzbistum eine ideelle Bastion gegen die Abkehr vom alten Glauben zu schaffen und mit dem neuen Stift ein »Pantheon« der Gläubigen. Es wurde am 23.August 1523 eingeweiht. Ihm gehörten 53 Personen an, davon 25 geistlichen Standes.

Dem Innenausbau der Stiftskirche widmete Albrecht große Aufmerksamkeit. An den achteckigen Pfeilern ließ er Statuen anbringen: Christus, Maria Magdalena, die Apostel, auch Mauritius, den Patron des Bistums, sowie den heiligen Erasmus – Werke des rheinischen Bildhauers Peter Schro aus der Schule des 1519 verstorbenen Mainzer Künstlers Hans Backoffen. Albrecht sah in der damals schon offensichtlichen Hinwendung hochangesehener Künstler zu reformatorischen Ideen keinen Anlass, an deren Fähigkeiten oder deren Bereitschaft zu zweifeln, Auftragswerken den von ihm gewünschten ideellen Gehalt und emotionalen Ausdruck zu verleihen. Sie waren Träger klassisch-humanistischer Bildung und Mitgestalter eines geistig-kulturellen Wandels. Sogar die »feinen Unterschiede« der Glaubensrichtungen vermochten sie ins Bild zu setzen. Für die 16 Altäre schufen Lucas Cranach der Ältere und seine Werkstatt in den Jahren 1520 bis 1525 einen Zyklus von über 142 Bildern.

Auf Konsolen an den Säulen ragen die fast zwei Meter großen Statuen aller Apostel empor, jeweils von einem Baldachin überdacht, auf dem die etwa 65 cm große Statuette eines der vierzehn Nothelfer angebracht ist. Wer den Chor betritt, vom Südeingang her, gelangt zunächst zur Statue Jesu Christi. Der Halsbesatz seines Gewandes trägt die Aufschrift SALVATOR MUNDI (Retter der Welt). In der linken Hand des Gottessohnes ruht die Gerettete, die Welt, dreigeteilt in Europa, Asien und Afrika, die rechte hat er segenspendend erhoben. Dass Petrus mit dem Schlüssel zur Himmelspforte ihm gegenüber postiert ist, entspricht den Intentionen der Ausgestalter des Bauwerks. Den Schlüssel hat ihm Jesus Christus übergeben. Petrus und seine Nachfolger, die Päpste, erfüllen den göttlichen Auftrag (Math. 16, 18/19): »Du bist Petrus, der Fels. Und auf diesen Felsen will ich meine Kirche bauen, und die Mächte der Unterwelt werden sie nicht überwältigen. Dir will ich die Schlüssel des Himmelreiches geben.« (In Luthers Übersetzung lautet die Textstelle, die dem Schlüsselbewahrer eine Basisfunktion zuerteilt: »Du bist Petrus, der Fels, und auf diesen Felsen will ich bauen meine Gemein(d)e.«)

Den Aschaffenburger »Wasserkunstmacher« (Brunnenbauer), Bildschnitzer und Hofmaler Mathis Gothart-Nithart, der vermutlich schon 1505 in den Dienst der Mainzer Erzbischöfe gelangt war, hatte Kardinal Albrecht zu Beginn der zwanziger Jahre zum »Kunstbeamten« seiner Halleschen Residenz ernannt, zuständig auch für Bauvorhaben. Doch schon bald nach seinem Tode im Jahre 1528 geriet der Künstler in Vergessenheit, obwohl ihn noch 1531 Philipp Melanchthon als einen der Großen dieser

Epoche neben Albrecht Dürer und Lucas Cranach bezeichnete. Weithin berühmt wurde dieser Meister der deutschen Renaissancemalerei, der nur gelegentlich eines seiner Werke mit den Buchstaben MG bzw. MGN signierte, erst nach 1675 unter dem Namen Matthias Grünewald. Für den Hochaltar der Hallenser Stiftskirche schuf er 1521 bis 1523 die Bildtafel »Die Heiligen Erasmus und Mauritius«.

Erasmus, einer der 14 Nothelfer, trägt die prachtvolle Kleidung eines Pontifikalen, die zum Reliquienschatz des Neuen Stifts gehörte. In der Rechten hält er das Zeugnis seines Martyriums, die Spindel, mit der die Peiniger ihm das Gedärm zerrissen, in der Linken den Bischofsstab, unter dessen Krümme sich in einem Gehäuse eine Statuette befindet: die Mutter Gottes. Die Schrifttafel zu Füßen des Heiligen zeigt die Wappen der Erzbistümer Kardinal Albrechts und seines Halberstädter Amtsbereichs. Dem Antlitz unter der mit Perlen und Edelsteinen bestückten goldenen Mitra gab Grünewald die markanten Züge seines Auftraggebers Albrecht: Der Blick aus den großen braunen Augen streift Mauritius, der sich in prachtvoller Rüstung mit ehrerbietiger Geste ihm genähert hat. Ein sanfter, freundlicher, nachdenklicher Blick, dem Symbolhaften der Szene angemessen. Der Siegeskranz auf dem Haupt des Kriegers und dessen prächtiger Harnisch sind wie die Ausstaffierung des Nothelfers Erasmus Attribute kultischer Verehrung der beiden Heiligen, die der Kirchenfürst neu belebt hatte.

Standhaftigkeit demonstriert Mauritius, der Schutzpatron des Erzbistums. Kardinal Albrecht setzte auch auf diese Weise dem Abrücken vom »rechten Glauben«, das in seinem erzbischöflichmagdeburgischen Amtsbereich immer mehr um sich griff, die Botschaft entgegensetzen: »Seht, das ist wahre Treue! Nur so findet auch ihr Schutz und Schirm.«

Die Rüstung, die Mauritius auf dem Bild trägt, war seit 1520/21 in der Stiftskirche zu sehen, an einer Mauritusstatue. Karl V. hatte sie im Oktober 1520 getragen – beim festlichen Einzug in Aachen zu seiner Krönung zum »Römischen König«. Danach nannte er sich »erwählter Kaiser«. Dem Mainzer Kurfürsten Albrecht schenkte er die prachtvolle Ritterrüstung zum Dank für dessen Wahlhilfe. Nun gab die Sprache des Bildes einem jeden zu verstehen: Kardinal Albrecht, Primas des Reiches, Kurfürst und Erzkanzler, steht dem Kaiser sehr nahe. Auch in seinem Namen erweist er Mauritius, dem Schutzpatron des Erzbistums und des Reiches, hohe Ehre, dem gottergebenen Märtyrer, der den Harnisch trägt, den der Kaiser getragen und dann seinem Statthalter überlassen hat.

Der energischste Partner Albrechts in dem von Luther entfachten Streit um den »rechten Glauben« war der albertinisch-sächsische Wettiner Herzog Georg, den Luther einmal, zutiefst verärgert, »das Schwein von Dresden« nannte. Die Gestaltung der Fassade der Elbseite seines Residenzschlosses ist »eine Antwort des dem katholischen Glauben treuen Herzogs Georg auf die Herausforderungen durch Luthers Reformation… mit einer eigenen, an sich reformwilligen Stellungnahme« (Heinrich Magirius).

Schon der Totenkopf über dem Portal lässt den Leitgedanken der Symbolik erahnen. Daneben, im linken Zwickel des Torbogens, ruht im Garten Eden Adam, die Hacke zur Seite, im rechten Eva, das

Fassade der Elbseite des Dresdener Schlosses zur Zeit Herzog Georgs.

Kind säugend, den Spinnrocken neben sich. Darüber, im Fries, ergänzen Worte die ohnehin deutliche Sprache der Bildwerke: PER INVIDIAM DIABOLI MORS INTRAVIT IN ORBEM (Durch den Neid des Teufels ist der Tod in die Welt gekommen.). In der säulenbegrenzten Nische über dem gemeißelten Wortband veranschaulicht ein Relief die schrecklichste Folge teuflischen Wirkens: Kain ermordet seinen Bruder Abel. Auch die Statuen auf dem Torgiebel geben sündhaft Weltliches zu bedenken: Adam und Eva unter dem Baum der Erkenntnis, um dessen Stamm sich die Schlange der Versuchung ringelt.

Vom Geäst des Baumes erstreckt sich der Erker bis zum dritten Obergeschoss, über das Hauptgesims hinweg. Für dessen Fries schuf der Bildhauer Christoph Walter I. um 1534/35 ein zwölf Meter langes Relief, einen »Totentanz«. Den Reigen der Vergänglichkeit führt, die Schalmei blasend, der Tod an.

In der rechten Hand hält er das Stundenglas. Papst und Kardinal, Bischof und Domherr, Abt, Priester und Mönch bilden die Spitze des Zuges. Den geistlichen Standesvertretern folgen die weltlichen, standesgerecht gestaffelt. Hinter dem Spielmann Tod, der jetzt die Trommel schlägt, schreiten Kaiser Karl V., König Ferdinand, Herzog Georg, den Rosenkranz in der Hand, Erbprinz Johann, ein Ritter und ein Edelmann. Ihnen schließen sich Ratsherr und Steinmetz an, ein Landsknecht, ein Bauer mit einem Dreschflegel sowie ein stelzfüßiger Bettler und fast am Ende eine Äbtissin, Herzog Georgs Gemahlin Barbara und eine Bäuerin. Auch der Geizhals, einen prallen Geldsack an sich pressend, das Kind und der Greis müssen sich dem Sensenmann fügen, dessen Gerippe den Reigen beschließt.

Dresdener »Totentanz«. An der Spitze des Zuges, dem Schalmaienbläser Tod folgend: Papst, Kardinal, Bischof, Domherr und Abt.

Auf der Südseite, zuoberst, führt Michael, der Erzengel, die Lanze, ersticht das höllische Ungeheuer, den Drachen. Darunter, im Fries über dem Relief der Madonna, beginnt der Text der Lobpreisung des Herrn, fortlaufend auf Tafeln, die das Madonnenbild umgeben: Engel singen das GLORIA IN EXCELSIS DEO…

Über die Mitte der Fassade streben die Blätterranken des Baums des neuen Lebens empor. Dessen höchster Spross erscheint in den Armen der Madonna: das Christkind. Im Relief über dem Mittelfenster des ersten Obergeschosses erklärt Gottvater: HIC EST FILIUS MEUS DILECTUS (Dies ist mein geliebter Sohn.). Weitere Darstellungen dieser Bildgeschichte symbolisieren den Opfertod Christi und dessen Auferstehung. Mit seinen »Waffen« Glaube und Liebe sühnte er alle Schuld der Erbsünde, die auf dem irdischen Dasein des Menschen lastet. Die Bauherren wenden sich mit der eindrucksvollen Gestaltung der Schauseiten gegen Luthers These in der Heidelberger Disputation des Jahres 1518: Heil und Segen Gottes erlange der sündige Mensch nicht »durch die Erfüllung von Beichtauflagen sowie Frömmigkeitsübungen«, sondern allein durch den Glauben. Gottes Gerechtigkeit werde jedem zuteil, »der… beharrlich an Christus glaubt«. Dagegen verdeutlichen Inschriften und Reliefs über dem Portal der Südseite das Bekenntnis des Herzogs und seines Sohnes zum »rechten Glauben«: Erweisen muss er sich in guten Werken. Gegenüber Gott bleibt der Mensch dennoch stets Schuldner.

Erst fast 500 Jahre später, am 31.Oktober 1999, erklärten der Lutherische Weltbund und der Päpstliche Rat zur Förderung der Einheit der Christen, »dass zwischen Lutheranern und Katholiken ein Konsens in Grundwahrheiten der Rechtfertigungslehre besteht. Sie verbanden damit die Feststellung, dass die gegenseitigen Lehrverurteilungen des 16. Jahrhunderts die Lehre des Partners über die Rechtfertigung des Sünders vor Gott… nicht treffen.« Zugleich stellten sie aber auch fest, dass »zum Beispiel im Verständnis des kirchlichen Amtes nach wie vor große theologische Unterschiede« bestehen.

Seit langem gehörte es zu den Obliegenheiten der Kirchenoberen, Zeugnisse der Passion Christi, Überbleibsel von Märtyrern, von Heiligen , Spuren wundersamer Ereignisse an einem geweihten Ort zu beherbergen, um sie heil- und segensuchenden Gläubigen als Gottes Gnadenschatz zu präsentieren. Auch weltliche Herrscher unterstützten diese fromme Werk. Seit 1500 hatte Kurfürst Friedrich der Weise, besorgt um das eigene Seelenheil und das seiner Landeskinder, eine Wittenberger Sammlung erweitern lassen, deren Grundstock im 14. Jh. gebildet worden war. Von 5005 Objekten im Jahre 1509 war sie auf 19 013 im Jahre 1520 angewachsen. Ihr »Ablasswert«, so wurde später errechnet, hätte reuigen Sündern insgesamt fast 150 000 Jahre der »zeitlichen« Strafen erspart, die sie nach der Beichte durch »Etwas-Gutes-Tun« abzubüßen hatten. Zu den bedeutsamsten Relikten gehörten ein Dorn aus dem Geflecht auf dem Haupt des gekreuzigten Jesus Christus und ein Daumen der heiligen Anna, den Friedrich von seiner Pilgerfahrt im Jahre 1493 aus Rhodos mitgebracht hatte. Er befand sich nun in einem der 117 überaus kostbaren Schreine, der Dorn an einer vergoldeten Statuette.

Bewusst hatte Luther im Jahre 1517 den Tag vor Allerheiligen genutzt, den Tag vor der feierlichen »Weisung« der Heiltümer, um mit 95 Thesen über die Vermarktung der Objekte kultischer Verehrung, veranlasst durch den marktschreierisch forcierten Ablass-Missbrauch in der Nachbarregion, einen Disput unter Gelehrten zu entfachen. Die Wittenberger Reliquien wurden im Jahre 1522 letztmalig zur

Der Papst als »Antichrist«. Ablasshandel,
Holzschnitt von Lucas Cranach d. Ä.

Schau gestellt, die Sammlung bis zum Jahre 1530 aufgelöst. Das »Hallesche Heilthum« erhielt eine prachtvolle neue öffentliche »Herberge«.

In einem Brief an Kardinal Albrecht am 1.Dezember 1521 betonte Luther: »Wenn der Abgott nicht abgetan wird, so ist für mich um göttlicher Lehre und christlicher Seligkeit willen ein nötiger, dringender und unausweichlicher Grund, E(ure) K(urfürstliche) G(naden) wie den Papst öffentlich anzugreifen… und der ganzen Welt den Unterschied zwischen einem Bischof und einem Wolf zu zeigen.« Doch der Metropolit ließ sich davon nicht beeindrucken.

Für Albrecht war die 1523 geweihte Stiftskirche der rechte Ort für seine Reliquiensammlung. Jahrelang hatte er mit dem Herrn des benachbarten sächsischen Kurfürstentums geradezu darum gewetteifert, den Pilgern die segenreichste Stätte der Heiligenverehrung zu präsentieren. Nun war sie zur größten geworden, die es jemals in Europa gab. Der Kardinal widmete auch der Errichtung seiner künftigen eigenen Grablege in der Hallenser Stiftskirche besondere Aufmerksamkeit. Den Auftrag zu deren Gestaltung erteilte er der berühmten Nürnberger Vischer-Werkstatt. War ein Gnadenschatz von mehr als 21 000 Reliquien, die göttliche Heilskraft dieser ehrwürdigen Zeugnisse christlicher Standhaftigkeit und frommen Wirkens, nicht die beste Jenseitsgarantie? Mit dem Memorial traf er Jenseitsvorsorge: seine letzte irdische Ruhestätte gleich vor der Pforte zum Paradies. Tausende Pilger würden hier in innigem Gebet für den Verstorbenen verharren. Gedanken um die irdische Vergänglichkeit, um christliche Tugendhaftigkeit und den Segen Gottes ließ Albrecht fortan immer öfter in künstlerischer Gestaltung zum Ausdruck bringen. Den bronzenen Baldachin über der Grabplatte schmückte das Motiv des geöffneten Herzens Jesu Christi.

Der brandenburgische Dichter und Gelehrte Georg Sabinus weilte im September 1533 fünf Tage in der Saalestadt, bevor er sich auf seine Italienreise begab. Noch unter dem Eindruck des Erlebten schuf er 1534 in Padua ein Lobeshymne auf die Hallenser Stiftskirche. Was er bewunderte, übertreffe »den sagenhaften Reichtum des mythischen Königs Krösus«. Den 1535 zum Poeta laureatus gekrönten und zum päpstlichen Hofpfalzgrafen ernannten Sabinus beeindruckten die vielen mit Gold- und Seidenfäden durchwirkten flämischen Bildteppiche, die güldenen und silbernen edelsteinbesetzten Reliquiare auf den Altären, die prächtigen Altargemälde, die mit Perlen und Edelsteinen bestickten liturgischen Gewänder des Kardinals und die Standbilder. Ihn faszinierten die räumliche Ausgestaltung mit venezianischen und orientalischen Teppichen, die Orgelklänge und die Kunst der Sänger. Die Elegie des Zeitzeugen Sabinus, ist, wie Elisabeth Schröter betont, ein »Kunstwerk des neulateinischen Humanismus mit panegyrischem Charakter« und für die Forscher eine echte historische Quelle.

Dem Neuen Stift, der Wirkungsstätte seines Archidiakonats, vertraute Albrecht auch die Sorge um die wissenschaftliche Bildung im Erzbistum an. Was ihn bewogen haben muss, zu Halle an der Saale einer Universität den Weg zu bahnen, kennzeichnete der berühmte Gelehrte und Erfurter Universitätsrektor Crotius Rubeanus als »väterliches Wohlwollen gegenüber der jungen Generation, denn man sehe die Jugend lediglich dem Gewinn nachjagen, während die Studien gänzlich vernachlässigt würden. Diesem wolle Albrecht vorbeugen, wie ein guter Landwirt, der einen Baum pflanzt, dessen Früchte erst die nächste Generation erntet«. Ließ sich der Kardinal auch deshalb als Heiliger Erasmus auf einer Bildtafel verewigen, die zwischen 1520 und 1524 kein Geringerer als Matthias Grünewald (Mathis Gothart Nithart) für den Hochaltar des Doms schuf?

Im Jahre 1527 hatte der hessische Landgraf Philipp I. zu Marburg eine evangelische Universität eröffnen lassen. War es nicht höchste Zeit, dem eine katholische entgegenzusetzen, nun immer dringlicher auch als Bastion gegen die aufrührerischen Lehren der Amtsbrüder an der benachbarten Wittenberger Leucorea? Vom Papst wurde ihm am 27. Mai 1531 das dazu erforderliche Privileg erteilt.

Kanonikus der Stiftskirche war seit dem Jahre 1530 der Theologe Crotus Rubeanus (eigentlich: Johann Jäger; griech. chrotós: Schütze). Bekannt war er weithin als der Verfasser der ersten 38 »Dunkelmännerbriefe«. Dem Anliegen der »Religionserneuerer« hatte auch er jahrelang begeistert zugestimmt und am 6. 4. 1521 als Rektor der Universität Martin Luther, der zum Wormser Reichstag reiste, in Erfurt willkommen geheißen, ihn sogar in sein Haus aufgenommen und bewirtet. Doch 1531 schrieb Rubeanus über das »Luthersche Vornehmen«, »es möchte der Teufel in Gestalt von etwas Gutem ein großes Übel einführen«. Für den Reformator war er seitdem der »Tellerlecker des Kardinals« und nicht mehr Dr. Crotus, sondern »Doktor Kröte«.

Am Stiftskolleg wirkte bereits seit 1528 der streng katholische Gelehrte Michael Vehe. Im Jahre 1530 gehörte der einstige Prior des Heidelberger Dominikanerordens zu den Theologen, die im Auftrage des Kaisers am Augsburger Reichstag teilnahmen, um die »Confessio Augustana« der Lutheraner zu widerlegen. Im Neuen Stift war er einer der wichtigsten Professoren. Die Heiligenverehrung verteidigte er mit der 1532 zu Leipzig erschienenen Schrift »Wie underschydlicher weis Gott vnd seine auserwelten Heiligen von vns Christen geehrt werden«. Vehe war vor allem auch persönlicher Ratgeber Albrechts in Glaubensfragen und wichtigen politischen Angelegenheiten. Der reformatorischen Belebung des geistlichen Volksgesanges begegnete er auf gleiche Weise. Nachdem Luther vorreformatorisches Liedgut in seinem Sinne textlich erweitert hatte, versah Vehe nun alte katholische Lieder, auch solche, die der Reformator ins evangelische Gemeindeleben übernommen hatte, mit Akzenten altgläubigen Bekennens.

Seit Anfang der zwanziger Jahre verhalf der Kaufmann Hans Schenitz (auch: Schantz; Schönitz) dem stets in Geldnöten steckenden Erzbischof zu Krediten. Zu seinen Geschäftspartnern gehörten auch sein Schwiegervater, der Leipziger Kaufmann Hieronymus Walther sowie Sebastian von Jessen, der uneheliche Sohn des 1525 verstorbenen Kurfürsten Friedrich der Weise. Schenitzens weitreichenden Verbindungen zu Handelshäusern verdankte der erzbischöfliche Hof die Versorgung mit Luxusgütern und Kunstgegenständen. Er sorgte auch dafür, dass seinem baufreudigen Auftraggeber stets erstklassige Architekten, Steinmetze, Bildhauer und Maler zur Verfügung standen. Im Jahre 1528 wurde er zum Hofdiener ernannt, 1531 schließlich zum Kammerdiener und Hofmeister, nun mitverantwortlich für die Erweiterung des Wohn-, Verwaltungs- und Herrschaftsmittelpunktes Moritzburg durch die Errichtung eines Stadtpalastes, eines vierflügeligen, unbefestigten Baus, »New Gebew« (Neues Gebäude) genannt, viel später (17. Jh.) Neue Residenz. Ein repräsentativer Garten vor der Stadtmauer gehörte dazu. An dem Projekt, das erst 1538 fertig wurde, wirkte Schönitz in den Anfangsjahren mit. Auch für das Kernstück der Umgestaltung des Stadtzentrums, den Neubau einer Marktkirche, war er eine Zeitlang zuständig. Im Mai 1528 stand fest: Die Turmpaare westseitig der alten Pfarrkirchen St. Gertruden und St. Marien bleiben erhalten, um »aus beyden Pfarren eyne« zu machen. St. Marien sollte »myt gewalt« verschwinden, also abgerissen werden, »dy tzu sanct Gertruden grosser« werden, dann St. Marien geweiht. Doch bald kam man auf die Idee, die alte dreischiffige St.-Gertruden-Halle ebenfalls abzubrechen, um einen weitaus größeren stattlichen Neubau zwischen die Türme beider Kirchen einzupassen. Mit dem Niederreißen und Beräumen begann man im Januar 1530. Schon im Sommer wurde der Grundstein für die neue St.-Marien-Kirche gelegt.

Halle glich bei aller Prachtentfaltung einer Großbaustelle, als Herzog Georgs zwölfjähriger Neffe Moritz das Jahr 1533 in Begleitung eines Hofmeisters in der Residenz seines Paten Kardinal Albrecht verbrachte. Es sollte der Auftakt zu einer »Lehrzeit« für die ihm vorbestimmte geistliche Laufbahn werden. Eine neue »Hofordnung« hatte der Kardinal 1532 erlassen, gewiss auch im Sinne des auf diszipliniertes Arbeiten achtenden Herrn des Dresdener Herzogtums. Sie begrenzte die Anzahl der Bediensteten, schränkte den Etat der Verwaltung ein und gebot einem »In-Saus-und-Braus-Leben« Einhalt. Doch bereits nach einem Jahr beorderte Georg den ernstlich erkrankten Zögling wieder unter seine Obhut. War das Hallenser Jahr für ihn zu stürmisch? Hatte Albrechts »Sparsamkeitserlass« noch zu keiner Änderung des lockeren Sitten zugeneigten Verhaltens vieler Hofleute geführt?

Damals hatte auch der Umbau der alten Zwingfeste begonnen, der kurfürstlich-erzbischöflichen Residenz. Aus der Moritzburg sollte ein Renaissanceschloss werden, würdig eines in voller Pracht erstrahlenden »Trutz-Roms« gegen den protestantischen Übereifer. Doch es war auch das Jahr, in dem sich die am 27. Januar zu Schmalkalden vertraglich besiegelte evangelische Koalition unter Führung der Fürsten Hessens und Kursachsens eine Militärverfassung gab. Bereits am 19. Juli 1525 hatten sich in Dessau Brandenburgs Kurfürst Joachim I. und die katholischen Nachbarn Herzog Georg von Sachsen

sowie die braunschweigischen Herzöge Erich I. von
Calenburg-Göttingen, Herzog zu Braunschweig-
Lüneburg, und Heinrich II., Herzog von Braun-
schweig-Wolfenbüttel, mit Albrecht nach dessen
Konflikten mit Hallenser Bürgern und Studenten
verbündet, um der politischen Situation Rechnung
zu tragen, aus der sich ein militärischer Konflikt zu
entwickeln schien. Albrecht ließ die Moritzburger
Befestigungen erweitern. Die Bastionen der Ostseite
wurden erhöht und ab 1536 auch an der Nordfront
der Burg Wälle aufgeworfen, die »Jägerschanze«.
Halles Moritzburg wurde zu einem befestigten
Schloss.

Vor allem Finanzierungsprobleme bereiteten
Kardinal Albrecht große Sorgen. Zudem sah er
sich immer öfter mit Vorwürfen konfrontiert, er
überlasse seinem Finanzierungs-, Bau- und Beschaffungsexperten Hans von Schenitz zu viele Freiheiten. Schenitz hatte ein ebenso kostspieliges Re-
präsentationsbedürfnis wie der Kardinal, wenn es
um die eigene Hofhaltung ging. Seit Juli 1532 durfte sich der aus einer böhmischen Adelsfamilie stammende Sohn eines Kaufherrn, der dem Patriziat der
Pfännerschaft angehörte, wieder von Schenitz nen-
nen und auch das alte Familienwappen tragen,
ergänzt durch eine goldene Krone, die das Wappen-
tier, der Löwe, in der rechten Pranke hält. Sein
Dienstherr hatte beim kaiserlichen Hof erwirkt, dass
er und sein Bruder mit diesem Privileg neu ausgestattet wurden. Auf dem alten Friedhofsgelän-
de hinter dem Familiendomizil am Nordrand des
Marktes, das er 1522 erworben hatte, hatte er einen
Palast errichten lassen, ein Spätrenaissance-Ensem-
ble, wie es bis dahin in diesem Landstrich noch nie-

mand gesehen hatte. Halbkreisförmige Giebel wie auch am Dom schmückten die Bedachung des großen Festsaals, dessen Fußboden aus glasierten weißen, blauen und gelben Tonplatten bestand. Zu ihm führte eine prächtige Galerie. Drei-, auch viergeschossige Bauten mit Arkaden umschlossen den Wohnhof, in den man durch ein Torhaus gelangte. In einem Seitenflügel befand sich das Handelshaus. Für die Innenausstattung der Privaträume war das Beste gerade gut genug, wie Reste der farbigen, sternförmigen Deckentafeln, mit geschnitzten Rosetten versehen, erkennen lassen. Der Bürgerpalast »Zum kühlen Brunnen« – nach Augsburger und Nürnberger Vorbildern – war sichtbarer Ausdruck der Privilegien, derer sich Hans von Schenitz erfreute, seiner Auf-Augenhöhe-Vertrautheit mit dem Kardinal. Er erwarb für den neuen Gewölbekeller seines Domizils sogar das Weinschank-Privileg und behielt es, obwohl der städtische Rat energisch dagegen protestierte, dass sein altes Schankmonopol auf diese Weise ausgehöhlt wurde.

In Geldangelegenheiten zeigte sich Hans von Schenitz außerordentlich wendig. Oft ging es um hohe fünfstellige Beträge. Albrecht nutzte die Schläue und Geschicklichkeit seines Vertrauten auch, wenn Unstimmigkeiten bei Rechnungslegungen gegenüber Beauftragten des Erzstifts vertuscht werden mussten. Der Kardinal war offensichtlich in geschäftlichen Belangen nicht an Details interessiert. Er ließ seinem »Manager« freie Hand. Aus einem Schreiben vom 9. Januar 1532 geht hervor, dass er sich der »Schicksalsgemeinschaft« mit seinem Günstling bewusst war: »... wir sind beide so tief hinein, wir müssen miteinander hinaus oder zu

Spott werden...« Gemeint waren sicherlich die bei dem riesigen Schuldenberg immer risikoreicheren Geschäftspraktiken und vermutlich auch unsaubere Manipulationen. Um in nicht noch größeren Schulden zu stecken, hatte Albrecht allerdings Ausgaben für die eigene Präsentation begrenzt. Schon zur Krönung Karls V. hatte er sich mit einem Gefolge aus nur 130 Reitern begeben; die anderen Kurfürsten waren mit 500 bis 700 Reitern erschienen. Viel Geld floss jedoch auf seine Veranlassung für Aufträge an die bedeutendsten Künstler. Nach dem Augsburger Debakel seiner Bemühungen um einen friedlichen Ausgleich im Konfessionsstreit schien er zu resignieren. War er der vom Kaiser geforderten Entscheidung vor allem dadurch ausgewichen, dass er sich, wie einige der Enttäuschten behaupteten, krank stellte? Er habe auf diese Weise den Habsburgern finanzielle Mittel für die personelle Aufstockung der Verwaltung seiner von der Residenz zu weit entfernten Diözesen abgerungen.

Nach Albrechts Rückkehr in das Hallenser Moritzburg-Domizil Anfang 1531 gab es für den enttäuschten Martin Luther auch keinen Zweifel daran, dass sich sein Erzbischof nun selbst entlarve. Er sei ein »Ertzschalk«. In einer Predigt nannte er ihn sogar »hellische brautt«. Der Teufel sei in ihn gefahren wie einst in Judas. Albrecht hatte gleich nach seinem Wiedereinzug in die Moritzburg Ratsmitglieder ihrer Ämter enthoben. Sie hatten für kirchliche Erneuerungen im Sinne Luthers gesorgt. Doch zu gleicher Zeit – unter dem Eindruck der Meldungen über die dem Reichsgebiet immer näher rückenden Türken – schaltete sich Albrecht wieder in die Reichspolitik ein. Er mühte sich – ebenso der Kurfürst von der Pfalz – um Verständigung zwischen der kaiserlichen Reichsmehrheit und den fürstlichen Wortführern des protestantischen Schmalkaldener Bundes und deren reichsstädtischen Partnern. Im August 1532 wurde zu Nürnberg ein befristeter Religionsfrieden beschlossen, ein »Anstand«. Was Luther und Melanchthon Anfang Juli 1530 in »herrlicher gutter Meinung«, wie sie damals betonten, vom Kardinal erbeten hatten, politischen Frieden trotz der Differenzen in Glaubensfragen, das war endlich erreicht.

Philipp Melanchthon, Darstellung von Lucas Cranach d. Ä.

Melanchthon dankte Albrecht für diesen Beweis seiner »exzellenten Weisheit« (propter excellentem sapientiam tuam) und widmete ihm ein explizit für ihn angefertigtes Exemplar seines Kommentars zum »Brief des Apostels Paulus an die Christengemeinde Roms«, dessen Worte Martin Luther zum Nachdenken über notwendige Veränderungen in christlicher Lehre und kirchlicher Praxis veranlasst hatten, wie elf Jahrhunderte vor ihm bereits den Gelehrten Aurelius Augustinus. Für das ihm übersandte Geschenk dankte Albrecht im Stile eines Protektors humanistischen Geistes: Er ließ Melanchthon einen Pokal überbringen, Behältnis einer fürstlichen Gegengabe in Höhe von 30 Gulden.

Jahrelang hatte sich der hessische Landgraf vergeblich bemüht, Herzog Ulrich von Württemberg, der 1519 von den Habsburgern entmachtet worden war, wieder zu seinen angestammten Rechten zu verhelfen. Er hatte ohne kaiserliche Zustimmung die reichsstädtische Enklave Reutlingen okkupiert und seinem Herzogtum einverleibt. Dem danach wegen seines Landfriedensbruchs Verfolgten gewährte er seit 1529 Schutz. Zu Beginn des Jahres 1534 gelang es ihm, den französischen Kaiser Franz I. zur Teilnahme an einem Gewaltstreich gegen das habsburgische Kaiserhaus zu gewinnen, um dessen Absicht zu durchkreuzen, die eigene Hausmacht noch mehr zu stärken und eine (auch vererbbare) katholische Universalmonarchie zu errichten. Auch die bayrischen Herzögen wurden Philipps Verbündete. Ende April setzten sie eine 24 000 Mann starke Streitmacht in Marsch, um Württemberg für Herzog Ulrich wiederzuerobern. Bei Lauffen erzwangen sie am 12. und 13. Mai einer rasche Entscheidung. Die Gegner flohen. Nun bewies Erzkanzler Albrecht, dass es ihm wahrlich darum ging, »ein tröstlich Fürst dem Reich« zu sein. Er erwirkte einen »Vergleich« König Ferdinands mit dem hessischen Landgrafen und dem sächsischen Kurfürsten, den Wortführern der »Schmalkaldener«, sowie mit ihrem »Schützling« Ulrich von Württemberg, der »Lutheraner« geworden war. Am 29. Juni 1534 wurde der Friedensschluss zu Kaaden (Böhmen) besiegelt. Ulrich blieb Reichsfürst. Er erhielt sein Herzogtum zurück – unter Vorbehalt; es blieb Oberlehen der Österreicher. Dafür erkannten die Protestanten, die dem Habsburger bei der Wahl ihre Stimmen verweigert hatten, dessen Königtum an, nachdem ihnen bestätigt worden war, dass mit dem »Nürnberger Anstand« einem evangelischen Fürsten erlaubt ist, in seinem Herrschaftsgebiet die »lutherische Kirchenreform« durchzuführen. Für Albrecht von Mainz war dieses Ergebnis der größte politische Erfolg seines Wirkens, obwohl, dem Vertrag zufolge, der einstige Katholik Ulrich sein wiedergewonnenes württembergisches Herzogtum nun evangelisch machte.

Seine geistlichen Obliegenheiten, nun wieder im magdeburgischen Erzbistum, erfüllte der Kardinal gewissenhaft und hingebungsvoll. Mit welcher rituellen Vollendung er die Messe zelebrierte, beeindruckte den brandenburgischen Hofastronomen Johannes Carion, der im Gefolge des Kurfürsten Joachim I. zu Ostern des Jahres 1533 in Halle weilte, noch stärker allerdings das feierlich-festliche Drumherum: »Da haben wir große Pracht und Ceremonien gesehen; der Kardinal hat alle Ämter, als Palmenweihen, Litaneisingen, Messehalten, Taufsegen selbst persönlich gethan, auch allen Menschen selbst persönlich das Sacrament gegeben, wer es begehrt hat… Die Ornate, so da gesehen wurden, waren seiden über die Maßen, desgleichen Heiligthümer, Infuln (Infel: Bischofsmütze) und golden Kreuze, Bilder und auch silberne…« Albrecht sah im Christsein ein vor allem auf Seelsorgerisches und Karitatives gerichtetes Wirken, dem Evangelium verpflichtet – im Sinne des Erasmus von Rotterdam reformorientiert zur Überwindung der Differenzen, die zur konfessionellen Spaltung führten. In Halle demonstrierte er allerdings zur gleichen Zeit, dass er den Einflüssen der lutherischen Reformation, die sich von Wittenberg her immer stärker ausbreiteten, keinen Raum mehr gewähren wollte. Er ließ mehrere Bürger samt ihren Familien aus der Stadt ausweisen, veranlasste sogar ihre Vertreibung. Für Luther war das nun Grund genug, seine hin und wieder auf Bitten von Freunde nur mühsam aufrechterhaltene Zurückhaltung endgültig aufzugeben. Von dem »losen und falschen man« hätten sie sich narren lassen. Das »Früchtlin und Kräutlin« von Halle habe nun »ausgeheuchelt« und von der Kanzel herunter forderte er die Gemeinde auf, Gott zu bitten, er möge die Bluthunde Georg von Sachsen und Albrecht von Mainz vernichten.

Außer Kontrolle schienen dem Kardinal und seinem Hallenser Kämmerer zu Beginn der dreißiger Jahre die Beträge zu geraten, die für Neu- und Umbauten, fürs Repräsentieren und für Kunstwerke

Luther auf der Kanzel, Papst und Klerus in der Hölle, Darstellung von Lucas Cranach d. J.

aufzubringen waren. Hinzu kamen immer öfter Zahlungen für Reliquien und Geschmeide. Im Vertrauen auf Schenitzens trickreiche Kreditgeschäfte ordnete Albrecht deren Ankauf an. Aber auch von einer Wiederbeschaffung ließ er sich nicht abbringen, wenn sie aus Geldnot verkauft oder verpfändet worden waren. Das Gerede über die episkopale Misswirtschaft wurde immer stärker. Schließlich wiesen die magdeburgischen und halberstädtischen Landstände Steuerbewilligungsersuchen des Kardinals zurück. Sogar Hofbeamte bekundeten ihren Unmut über chaotisches Finanzgebaren, verschwenderisches Wirtschaften; nun nicht mehr hinter vorgehaltener Hand gaben sie Albrechts »Günstling« Schenitz die Schuld daran. Schon kurz nach seiner Rückkehr hatte der Kardinal seinem »Unternehmer« zu bedenken gegeben, »was schimpffliche rede, hohn und spot« zu hören sein werde, wenn ihnen das passiere, was der Evangelist Lukas den »Turmbauern« vorgehalten habe (Lukas 14, 28/29): »Wer... sitzt nicht zuvor und überschläget die Kosten..., wo er den Grund gelegt hat, und kann's nicht hinausführen, alle, die es sehen, fangen an, sein zu spotten...«

Sah er sich nun in die Enge getrieben? Belege, sofern sie ihm zur Bestätigung vorgelegt worden waren, hatte er stets signiert, ohne sie prüfen zu lassen. Seit Mai 1530 waren auf diese Weise auch Geldbeschaffungen in Höhe von 83 585 Gulden, 8 halben Batzen und 13 Pfennigen von ihm anerkannt worden. Nachdem der gerade zu Halle tagende Ständeausschuss mit Unstimmigkeiten konfrontiert worden war, ließ Albrecht am 6. September 1534 Schenitz verhaften und auf die Burg Giebichenstein zum »Verwahr« bringen, aber nicht in deren Kerker, sondern in die »Silberkammer«. Vom zuständigen Landgericht forderte er unverzüglich eine Bestätigung der Rechtmäßigkeit seines energischen Vorgehens. Nach Gutachten des Wittenberger Professors Hieronymus Schorff, der auch Rechtsbeistand Luthers war, des Magdeburger Schöppenstuhls sowie der Juristenfakultät der Frankfurter »Viadrina« erklärte es, dass an dem Verfahren nichts zu beanstanden sei. Konnte die nunmehr notwendige Prüfung der Geschäftsakten den Gefangenen entlasten? Doch im »Kühlen Brunnen«, in dessen Kanzlei, waren sie nicht mehr vorhanden. Wer hatte sie entfernt? Wer hatte ihre Offenlegung zu befürchten?

Notizen des Inhaftierten, die heimlich dessen Frau überbracht werden konnten, lassen erkennen, dass sich Schenitz in einer Opferrolle fühlte: »Summa, der Cardinal hat thun wollen, wie es ihm gefallen, es sey recht oder unrecht.« Nun werde er sicherlich sein Lebenlang eingesperrt, damit er und seine Erben Albrechts Schulden zu tragen haben: »Er verlesset sich auff seine gewalt, meinet, es sol im stets geraten etc.« Albrechts Räte beschuldigten Schenitz, er habe 50 000 Gulden, über die eigentlich nur der Kardinal zu verfügen hatte, in betrügerischer Absicht für sich verwendet. Am 30. Mai 1535 gestand Schenitz seine Schuld ein. Grundlage für das Urteil war das im Erzstift Magdeburg wie auch in einigen anderen Territorien des Reiches noch immer gültige Sachsenspiegel-Landrecht aus dem 13. Jh. Schenitz wurde am 31. Juni zum Tode verurteilt und unmittelbar nach der Urteilsverkündung hingerichtet.

Der »große Dieb« sei entlarvt, erklärte der Herr des Erzbistums. Doch das Gerede darüber, dass er gegen das Todesurteil nichts unternommen habe, vermochte er nicht einzudämmen. Vielen erschien Albrechts Verhalten seine Art einer Abrechnung dafür zu sein, dass Angehörige des Kämmerers, dessen Bruder Anton und in letzter Zeit insgeheim sogar Hans von Schenitz sich wie andere einflussreiche Bürger Halles der Reformation zuwandten. Luther brachte seine Empörung über das Verfahren unmittelbar nach der Hinrichtung mit einem offenen Brief zum Ausdruck. Allein der Kardinal sei für den Ausgang des Prozesses verantwortlich. Vor allem Anton von Schenitz gab in den folgenden Jahren keine Ruhe. Das Eigentum seines Bruders, der »Kühle Brunnen«, war zum Ausgleich für das veruntreute Geld dem Geschädigten zugesprochen worden.

Den Kardinal belasteten seit dem 11. Juli auch Probleme, die sich nach dem Tode seines Bruders, des Kurfürsten Joachim I. ergaben. Trotz ihrer oft sehr heftigen Auseinandersetzungen hatte der »große Bruder« dem Jüngeren aus mancher »privaten Klemme« geholfen und vor allem bei politischen Entscheidungen Beistand geleistet. Der päpstliche Nuntius Pietro Paolo Vergio, im Herbst 1535 nach Halle gekommen, entdeckte an Albrecht jedoch keine Spur von Resignation. Der Kardinal hatte Besuch aus dem Brandenburgischen. Er mühte sich, den Nachfolger im Amt des Verstorbenen, dessen Sohn Joachim II., von seinem Vorhaben abzubringen, nun auch in Brandenburg der lutherschen Umgestaltung des Kirchenwesens nicht entgegenzuwirken. Der Gesandte des Vatikans war beeindruckt, wie rücksichtsvoll sich beide begegneten und mit welcher Intensität Albrecht seinem Neffen das eigene römisch-katholische Wirken erläuterte. Allerdings konstatierte er in seinem Bericht an die Kurie, Albrecht sei zu gutmütig und zu vertrauensselig. Er erwarte derartige Arglosigkeit auch von den anderen und lasse sich sogar von einigen seiner Räte täuschen. Auf ähnliche Weise hatte sich bereits Friedrich Nausea geäußert, bis 1534 zu Mainz in Albrechts Diensten: Der Kardinal pflege die Kunst, nicht anzuecken.

Am 5.November 1535 erklärte Anton von Schenitz dem Kardinal schriftlich, seine Familie werde sich dem Unrecht nicht beugen, das seinem Bruder Hans und allen Angehörigen angetan wurde. Dass er die Akten, wie sich später herausstellte, aus den Geschäftsräumen selbst entfernt und außer Landes hatte schaffen lassen, verschwieg er. Befürchtete er, ihre Offenlegung hätte ihn selbst und auch andere belastet? Angesichts der nun folgenden öffentlichen Auseinandersetzungen, die vor allem Luther immer wieder mit bitteren Worten belebte, verwundert, dass im November 1536 Luthers Freund und engster Mitstreiter Philipp Melanchthon nichts daran auszusetzen hatte, dass anlässlich der Hochzeit seiner Tochter mit dem berühmten Dichter Georg Sabinus erzbischöfliche Gesandte die Glückwünsche Albrechts überbrachten und das junge Paar bald darauf auf Einladung des Kardinals anderthalb Jahre an dessen Hallenser Hof weilte. Sabinus pflegte danach Kontakt mit seinem Förderer von Frankfurt/Oder und Königsberg aus, nunmehr Professor für Rhetorik, und widmete ihm Lobeshymen. Als aber im Frühjahr 1538 ein junger Poet namens Simon Lemnius, Melanchthon-Schüler wie einst Sabinus, Albrechts Generosität mit geistreichen Verszeilen

würdigte und die Epigramme in Wittenberg gedruckt wurden, entschlüpfte Luther in einer Predigt
wütender Zorn darüber, dass man »den von sich
selbst verdampten heilosen Pfaffen, der uns alle ger-
ne tod hätte, hie zu Wittenberg lobe«.

Noch öfter als zu Schenitzens Lebzeiten musste Albrecht, um zu Geld zu kommen, weitere Wert-
sachen verpfänden. Ein großes goldenes Kreuz, mit
Perlen und Edelsteinen besetzt, das er 1532 einem
Geldgeber hatte überlassen müssen, rechtzeitig wieder ausgelöst worden war, ließ er 1535 von einem
Bediensteten in Antwerpen verkaufen. Manche Reliquiare und Edelsteine waren jedoch, wenn die
vereinbarte Leihdauer verstrichen war, bereits wei-
terverkauft, andere wegen ihres Materialwertes eingeschmolzen worden. Auch die zum Teil vergoldete
silberne Rüstung der überlebensgroßen Statue des
heiligen Mauritius aus dem Chor des Neuen Stifts,
ein Geschenk Kaiser Maximilians I. für Erzbischof
Ernst, wurde Anfang Januar 1542 »verflüssigt«, dem
Mammon »geopfert«.

In seinem »offenen Brief« an Albrecht im Februar
1536 hatte Anton von Schenitz angekündigt, er
werde dafür sorgen, dass endlich Gerechtigkeit herr-
sche. Der Kardinal müsse angeklagt werden. Er
werde Beweise erbringen, die ihn belasten. Aber
Hofräte des sächsischen Kurfürsten nahmen Verbindung mit ihm auf, ermahnten ihn zu Besonnenheit.
Die ohnehin zugespitzte Situation könnte sich verschärfen und alles einen noch übleren Ausgang nehmen. Luthers Freund und Mitarbeiter Justus Jonas
und der Magdeburger Domprobst Georg von An-
halt suchten das Gespräch mit der Familie Schenitz,
bemüht um eine gütliche Einigung. Obwohl Luther

meinte, hinter dieser Diplomatie stecke der Erzbischof selber, erstreckten sich die Verhandlungen über fast zwei Jahre. Dann aber brach Anton von Schenitz die Gespräche abrupt ab. Er wollte nun doch die volle Rehabilitation seines Bruders und ging wieder in die Offensive. Er publizierte seinen »Wahrhafften bericht«, nun auch mit Dokumenten. In einer Gegendarstellung widerlegten magdeburgische Hofräte die Vorwürfe. Sie bestätigten erneut, dass es keine Verstöße gegen geltendes Recht gegeben habe. Doch Anton von Schenitz blieb bei seiner Sicht der Dinge; der Kardinal habe eigenes Verschulden seinem Kämmerer in die Schuhe geschoben.

Zu dieser Zeit, Anfang 1539, meldete sich auch Luther wieder zu Wort – mit einem »harschen, scharffen Scheltbüchlein«: »Wider den Bischof zu Magdeburg Albrecht Kardinal«. Gerecht wäre, der

Martin Luther, 1548, Darstellung von Lucas Cranach d. Ä.

Kämmerer sei am Leben und Albrecht hänge! Er sei ein Räuber, Mörder und Tyrann, ein Gotteslästerer, »welcher auch schon bey den seynen greulich stinckt«. Über Albrechts »Büberei und Bosheit« zutiefst empört, setzte er in Briefen, Gesprächen und Predigten die Offensive gegen den »verdammten Kardinal« fort. Von einem »Scheißbischof« war dabei die Rede, von einem »falschen verlogenen Mann«, von einem »höllischen Kardinal«, dem »Satan von Mainz«. Albrecht sei der größte Schurke, der »je auf Erden kommen«, ausgenommen Nero und Caligula. Ihm, Luther, bereite es Genugtuung, dass alle die »welsche Manier« des romtreuen heuchlerischen Weichlings durchschaut hätten und der »Verschwender« nun seine Schätze veräußern müsse. Selbst die Wittenberger Rechtsgelehrten fanden vor Luther keine Gnade. Die Juristen überhaupt, meinte er, billigen »alle untugent umb gelts willen«. Er stellte sich ganz auf die Seite des Humanisten Jakob Spiegel, der sich vor über einem Jahrzehnt bei Albrechts Mainzer Sekretarius Capito darüber beschwert hatte, dass ihm sein Herr seit 1518 den Lohn für aufwändige Dienste schuldig geblieben sei. Er hatte dabei auch harte Worte des Psalms 145,3 aus der Vulgata, der lateinischen Wiedergabe der alten Texte, zitiert. Luther bekräftigte, was Spiegel, der sich bei Kaiser Maximilian I. erfolgreich für Albrechts Ernennung zum Kardinal eingesetzt hatte, damals zum Ausdruck brachte: Fürsten dürfe man nicht trauen.

Albrecht schien seit 1538/39 nicht mehr zu Kompromissen bereit. Am 17. April 1539 starb auch sein letzter engster Partner im Glaubensstreit, Sachsens Herzog Georg. Es wurde immer einsamer um ihn.

Er fühlte sich zunehmend an den Rand gedrängt, auf verlorenem Posten. Er spürte seine Machtlosigkeich, litt unter der Unfähigkeit, aus eigenem Antrieb zu handeln. Freilich – in Halle gab es noch immer keine breite evangelische Bewegung unter dem Klerus und der städtische Rat hatte kein Interesse daran, die erzbischöfliche Residenz in Frage zu stellen. Zu eng war man mit ihr sozial und vor allem ökonomisch verflochten. Stadtfrieden blieb oberstes Gebot. Restriktive Maßnahmen der erzbischöflichen Administration gegen einige Bürger hatte man nicht übersehen, nach den unausbleiblichen Kontroversen sich aber nicht dazu aufgerafft, Albrechts Superiorität anzuzweifeln. Im Rat hatte sich zwar eine bürgerliche Gruppe gebildet, die andere Neuerungen als der Kardinal anstrebte, aber Albrecht hatte bereits nach seinem Einzug in die Moritzburg Verständigungsbereitschaft signalisiert, Kloster Neuwerk aufgelöst und dem Rat sogar das Patronat über das Neue Stift überlassen. Er hatte auf seine Weise das Kirchenwesen verändert. In den Stiften Magdeburg und Halberstadt herrschten jedoch andere Verhältnisse. Hier war das Bestreben der Stände und der Landleute nicht mehr einzudämmen, sich der lutherischen Reformation anzuschließen. Davon beeinflusst, kam es aber nun auch in Halle zu größeren Anfeindungen gegen die Mainzer Administration, und im eigenen Herrscherhaus war der Kurs ebenfalls festgelegt worden: Sein Neffe, Kurfürst Joachim II. von Brandenburg, führte in seiner Kurmark ab Ende 1539 die Reformation ein.

Im Spätsommer des Jahres 1539 – Albrecht war erkrankt und fühlte sich am Ende seiner Kräfte – beriet er sich mit dem Mainzer Domkapitel über einen

Wiedereinzug in das Aschaffenburger erzbischöfliche Domizil. Wie dabei zu verfahren sei, wies er in einem Testament am 27. Januar 1540 an. Eine Liste seiner Schätze, die nach Mainz und Aschaffenburg zu befördern waren, unterschrieb er am 10. März. Auf dem Landtag in Calbe, vom 25. Januar bis 14. Februar 1541, stellte er seinen Neffen Johann Albrecht von Brandenburg-Ansbach als Halberstädter Koadjutor und Statthalter der Erzdiözese Magdeburg vor. Albrechts »Kapitulation« war den Ständen immerhin die Übernahme seiner Schulden in Höhe von reichlich 400 000 Talern wert. Sie beschlossen eine diesem Betrag entsprechende Besteuerung der Bürger. Der Anteil Halles betrug 22 000 Gulden. Auch seinen jahrelangen Streit mit Anton von Schenitz und dessen Angehörigen beendete Albrecht. Er gab ihnen den »Kühlen Brunnen« vertraglich zurück. Am 21.Februar 1541 verließ er Halle für immer. Am 10. März zog sein Nachfolger in die Moritzburg ein.

Die Situation in Halle veränderte sich schlagartig. Der Rat hatte die Bürger zu einem Entscheid über die zusätzlichen Abgaben aufgerufen. Rat und Bürgerschaft stimmten am 28. März mehrheitlich der Besteuerung zu – unter der Bedingung, dass ein Wittenberger Prediger und frommer Schulmeister »Augsburger Confession« seine Tätigkeit in Halle aufnehme. Sachsens Kurfürst Johann Friedrich I. entschied, dass dem Theologieprofessor Justus Jonas diese Aufgabe übertragen werde. Bereits am 15. April, einen Tag nach seiner Ankunft, predigte Jonas in der Marktkirche, für »Altgläubige« eine Herausforderung, der sie sich energisch zur Wehr setzten. Albrechts neuer Koadjutor ordnete am 27. April an, dass der protestantische Störenfried die Stadt unverzüglich zu verlassen habe. Aber schon am Tage danach feierte Justus Jonas das Abendmahl auf evangelische Weise. Die neue evangelische Gemeinde gewann großen Zulauf. Bald musste dem ersten evangelischen Geistlichen der Stadt ein »Mitarbeiter« (Syndicus) beigegeben werden. Doch auch die Franziskaner- und Dominikanermönche verstärkten ihre Aktivitäten, störten immer heftiger die Predigten ihrer Kontrahenten. Waren sie verbittert darüber, dass eines der Wahrzeichen der erzbischöflichen Residenz, der Glockenturm neben der Stiftskirche, abgebaut worden war? Bei einer Predigt in der Moritzkirche am 26. August wurde Jonas von einem Mönch sogar mit erhobener Axt angegriffen. Beherzte Bürger verhinderten das Schlimmste. Einen Antrag, die beiden Klöster zu schließen, auf dass in die konfessionellen Differenzen nicht noch mehr aggressives Potential einfließe, billigte der Stadtrat im Sommer 1542, einem Gutachten entsprechend, das Justus Jonas abgegeben hatte. Schon im folgenden Jahr wirkten an allen drei Stadtkirchen evangelische Geistliche. Jonas nannte sich seitdem »Superintendent von Halle«. 1543 verfasste er die »Hallesche Kirchenordnung«. Auch das Schulwesen ließ er neu ordnen. Am 3. November 1544 wurde er vom Stadtrat zum Bischof ernannt.

Auch Justus Jonas hatte bei seinen Hallenser Auftritten wie schon des Öfteren andernorts das Verhalten des Kardinal mit der in Wittenberg gewohnten lutherschen Rhetorik zum Gespött gemacht. Albrecht sei »listig und schlupfrich wie ein aal«, soll er behauptet haben, im Kern aber »grausam und tyrannisch«. Mit dieser Sicht auf Albrechts Wirken prägten Luther und einige seiner Mitstreiter das Bild

Kaiser Karl V., Ölgemälde Tizians.

ihres ärgsten Widersachers, denn es dominierte jahrhundertelang in der vom Protestantismus bestimmten Geschichtsschreibung vor allem in den nördlichen Bereichen des Reiches. Es fand sogar Beachtung bei Katholiken.

Nach der Niederlage, die türkische Heerscharen den kaiserlichen Streitkräften in Ungarn zugefügt hatten, bestand Karl V. auf dem Reichstag zu Regensburg im Mai 1541 darauf, den Konfessionsstreit wieder zu entschärfen, um alle Kräfte gegen die von außen drohenden Gefahren zu vereinen. Er drängte darauf, das Friedensgebot des Nürnberger »Anstandes« zu erneuern. Es wurde bestätigt und gewährte abermals bis zum nächsten Reichstag Predigern und Anhängern der Augsburger Konfession in katholischen Gebieten Schutz. Die Situation spitzte sich für Karl V. noch mehr zu, da er auch mit dem Papst in Konflikt geriet. Durch seinen Beitritt zum katholischen Nürnberger Bund, dem Widerpart des protestantischen Schmalkaldener Bündnisses, demonstrierte er jedoch, dass er seinen reichspolitischen Kurs den Evangelischen gegenüber nicht ändern werde. Albrecht war nun aber nicht zu bewegen, dieser durch Hinhaltetaktik erzwungenen trügerischen Ruhe im Reich weiterhin Freiräume zu bieten. Über diese Ablehnung des auf sein Geheiß schließlich bestätigten Kompromisses war Karl V. erbost. Er soll, erzürnt über die mangelnde Bereitschaft seines Erzkanzlers zu Konzessionen, gegenüber einem der Räte Albrechts erklärt haben, die Mainzer seien Schuld daran, dass es in Deutschland so durcheinandergehe.

Der Doktor beider Rechte Julius von Pflug, ab 1521 zu Meißen, seit 1532 Probst zu Zeitz und fast zwei Jahrzehnte auch Rat des sächsischen Herzogs Georg, wurde nach dessen Tod im Jahre 1539 Berater des Kardinals. Im Jahre 1541 wurde er vom Naumburger Domkapitel zum Bischof erwählt, den Annektionsbestrebungen des sächsischen Kurfürsten zum Trotz, der in das reichsfreie Territorium, über das die Wettiner seit 1259 Schutzhoheit besaßen, kurzerhand einen Freund Luthers delegierte, den Wittenberger Theologieprofessor Nikolaus von Amsdorf, und ihn zum evangelischen Bischof erklärte. Einer direkten Auseinandersetzung mit dem durch landesherrliche Verfügung Inthronisierten wich Julius von Pflug aus. Er handelte ganz im Sinne einer »gemeinschaftlichen Lehre von vier Artikeln, die einem jeden Christen zu wissen vonnöthen«, einer Schrift, die er 1539 mitverfasst hatte. Am Mainzer Hof fand er eine neue Wirkungsstätte; aber er vermochte nicht zu verhindern, dass Luther auf Drängen seines kursächsischen Landesherrn den zu Zeitz residierenden »Gegenbischof« 1542 zum Bischof weihte und damit wohl nun endgültig die Würfel gefallen waren.

Nach dem Scheitern seiner Bemühungen, Halle zum Hort altkirchlicher Frömmigkeit zu machen, verdankte Albrecht nach der Rückkehr ins Mainzer Erzstift vor allem einigen Theologen des Mainzer Stifts, die sich zu einem »Reformkreis« um den Weihbischof Michael Helding zusammengefunden hatten, dass er die Wehleidigkeit überwand, die ihn nach Kränkungen, Beschuldigungen, Anfeindungen und auch berechtigter Kritik zu lähmen schien. Trost hatte er oft genug im »Gebet wider die falschen Brüder« (Psalm 55) gefunden: »...Ihr Mund ist glätter denn Butter, und haben doch Krieg im Sinn...«

Albrecht fand Rückhalt für seine Bemühungen um eine innere Erneuerung des Kirchenwesens. Er lebte wieder auf, ermuntert auch durch den Zuspruch eines päpstlichen Legaten. Er förderte Theologen, die der Krise in Kirche und Reich vornehmlich durch Belehrung, Bildung und Erziehung ein Ende bereiten wollten, orientiert an von der Kurie bestätigten Bibeltexten. Im Erzstift hatte den Grund dazu bereits Friedrich Nausea gelegt. Zur Tradition wurden die von ihm begründeten Mainzer Predigten durch seine Nachfolger, insbesondere durch Julius von Pflug und am nachhaltigsten durch den Dompfarrer Michael Helding, der seit 1533 die Predigerpfründe innehatte, seit 1537 auch Weihbischof war und nach seinem Tode im Jahre 1549 bis zum Ende des Jahrhunderts »der am meisten gelesene katholische Autor in Deutschland« (Rolf Decot).

Papst Paul III. hatte 1535 seinen Nuntius Vergerio nach Deutschland entsandt, um Zustimmung zur baldigen Einberufung eines Konzils nach Mantua zu erlangen, auf dem auch die »Abweichler« Gehör finden sollten. Doch es wurde nichts daraus, da die Protestanten auf einem Konzil bestanden, das auf nichtvatikanischem Territorium tagte. Albrecht hatte sich auch diesmal aus dem jahrelangen Hin und Her der Meinungen herausgehalten, seiner Devise getreu, in Religionsgesprächen auf Reichsebene die Disputanten zu beschwichtigen, um in entscheidenden Momenten Vermittler zu sein. Frühere ablehnende Reaktionen seiner Domherren hatten ihn dazu gebracht, ein heißes Thema möglichst so bald nicht wieder auf die Tagesordnung zu setzen. Jedoch die Empfehlung des päpstlichen Legaten Contarini auf dem Augsburger Reichstag 1541, erst einmal im eigenen Bereich mit einer Reform zu beginnen, übermittelt er seinen Domherren. Sie sprachen sich mehrheitlich für einen größeren Konvent aus; auch die geistlichen Kurfürstentümer Köln, Trier und von der Pfalz sollten dabei sein. Albrecht gelang es, den Domherren nun wenigstens die Zustimmung dafür abzuringen, einer Kommission die Aufgabe anzuvertrauen, die für das Zustandekommen eines Reformwerks notwendigen Gesichtspunkte zu erörtern und zu skizzieren. Auf dem bald darauf folgenden Reichstag in Speyer gab er dem Legaten der Kurie allerdings zu verstehen, dass die in Arbeit befindliche reformerische Neuorientierung sinnlos sei, wenn nicht vorher ein Konzil stattgefunden habe. Mit einer Visitation sei bei seinen Klerikern ohnehin nichts zu erreichen. Sie seien untereinander verschworen. Beispielsweise sei die Einhaltung des Gebots der Nichtehelichkeit selbstverständlich. Deshalb seien fast alle, wie seit langem üblich, nur Konkubinarier.

Eine für das Erzbistum wichtige Entscheidung erlangte Albrecht dennoch: Der päpstliche Nuntius Morone stimmte der Entsendung des 1534 zum Priester geweihten Petrus Faber nach Mainz zu. Faber war seit einigen Jahren als Mitglied einer von Ignaz von Loyola begründeten elitären Vereinigung in Parma und Ravenna tätig. Er kam nun im Oktober 1542 ins Erzbistum und betrieb hier bis August 1543 »ignatianische Exerzitien«. Julius von Pflug und Michael Helding nahmen an diesen »geistlichen Übungen« teil, und im Frühjahr 1543 traf aus Nimwegen, das zur Diözese Köln gehörte, der erst 22-jährige Theologe Petrus Canisius (Peter de Hondt) in Mainz ein und wurde nun hier das achte Mitglied der erst Ende September 1540 von Papst Paul III. anerkannten »Gesellschaft Jesu«, zu der sich der Baske Ignatius von Loyola (Íñigo López de Loyola) und seine sechs Gefährten im Jahre 1534 auf dem Montmartre in Paris durch ein Gelübde zusammengeschlossen hatten. Albrecht hatte seinen Mainzer Freunden den Rat erteilt, die Ideen des Ignaz von Loyola aufzugreifen, der wie Franz von Assisi schon in der ersten Hälfte des 13. Jhs. die Bergpredigt (Ev. Matthäi 5-7) zum Leitfaden einer der Gerechtigkeit, der Barmherzigkeit und der Ehre Gottes dienenden Erneuerung christlichen Lebens machte. Damals war noch nicht daran zu denken, dass jemals einer der Ordensbrüder den Stuhl Petri bestieg. Im Jahre 2013 kam es dazu: Papst wurde der argentinische Jesuit Bergoglio, seitdem Franziskus genannt.

Canisius war von 1556 bis 1569 der erste deutsche Ordensprovinzial der Jesuiten. Seinen Katechismus »Summa doctrinae christianae«, der 1555 erschien, stellte er Luthers Katechismus entgegen. Ein breites Wirkungsfeld erlangte er durch äußerst geschicktes Auftreten gegenüber den »Abtrünnigen«, die er nie »Ketzer« nannte, sondern »neue Lehrer«. Mit seinem Agieren gegen deren »neue Lehren« wurde er zum Initiator der »Gegenreformation«. Aber so sehr sich er und seine »militanten« Gefährten in der Nachfolge des Heiligen Franz von Assisi mühten, »Missstände« zu überwinden, ein Triumph über die Häretiker, die Abweichler von der, in ihrem Verständnis, »rechten Lehre«, gelang ihnen nicht. Papst Leo XIII. bezeichnete Canisius im Jahre 1897 als den »Zweiten Apostel Deutschlands«. Der erste war Bonifazius, 800 Jahre früher. Pius XI. sprach Canisius im Jahre 1925 heilig.

Mit Predigten in den Sechzigerjahren des 16. Jhs. brachte Canisius sogar Teuflisch-Zeitgemäßes auf die Tagesordnung – es spielte von nun an für über ein Jahrhundert im öffentlichen Leben wieder eine größere Rolle. Im Volk war der Glaube an die Macht des Teufels lebendig geblieben. Jegliche Verfehlung werde einem Menschen auf satanische Weise eingeblasen. Auch Luther hatte 1524 in seinem Traktat »Der unfreie Wille« erklärt, der Mensch sei von Gott geleitet oder vom Teufel geritten. Nun verhalf Canisius dem längere Zeit durch Reformpolemiken fast vergessenen »Hexenwahn« zu neuer Blüte. 1487 hatte der Dominikaner Heinrich Institoris zu Straßburg seinen »Hexenhammer« drucken lassen, einen »Strafkodex« für inquisitorische Verfahren gegen der Hexerei Verdächtigte. Verfolgt wurden besonders Frauen, deren Verhalten nicht immer dem Normativen entsprach. Waren sie nicht schuld daran, dass Alltagsnöte um sich griffen, Seuchen sich ausbreiteten, Missernten sich häuften, Naturkatastrophen und Kriege über Länder und Erdteile hereinbrachen? Canisius machte sie in seinen Augsburger Predigten sogar für Kindesmord und Kannibalismus verantwortlich. Der wiederauflebende Hexenwahn führte zwischen 1590 und 1630 zu Exzessen – mit Nachwirkungen bis ins 18. Jh. Bei den inquisitorischen Prozessen waren Folter und »Hexenproben« übliche Untersuchungsmethoden. Ihnen fielen in Europa mehr als 50 000 Menschen zum Opfer, davon im Hl. Römischen Reich deutscher Nation über 15 000, hingerichtet zumeist auf Scheiterhaufen, die in Brand gesetzt wurden. Der letzte Hexenprozess auf deutschem Boden fand 1775 in Kempten statt. Dennoch: Nachhaltig blieben bis in die heutige Zeit Canisius' Bemühungen um eine neue Missionierung im Geiste des biblischen Humanismus, der dem Ordensstifter Ignaz von Loyola das »Schwert« zur Verteidigung des Glaubens war, dem Erblühen des »Reiches Gottes« zuliebe.

Unter dem Einfluss der Aufbruchstimmung, die von dem Kreis um Michael Helding ausging, entschloss sich Albrecht im Jahre 1542, die von Halle nach Mainz beförderten Reliquien den Gläubigen wieder als ablassträchtiges Heiltum zu präsentieren. Sofort reagierte Luther mit einem »Spottzetel«, sodass Albrecht erneut auch von vielen anderen mit Spott und Hohn übergossen wurde. Freundliche Stimmen über den Kardinal, den Protektor eines Aufbruchs, gab es vor allem wieder aus Humanistenkreisen. Reaktionen auf »Konstitutionen« einer kirchlichen Erneuerung, die Albrechts »Reformer« bis zum Jahre 1544 für das Erzstift ausarbeiteten, bestätigten, dass sich im Domkapitel das altkirchliche Lager nicht verkleinert hatte. Die Mehrheit der Kleriker lehnte eine neue Verfassung ab. Im Frühjahr 1544 nahm Albrecht zum letzten Mal an einem Reichstag teil. Erneut wurde hier über die Einberufung eines Nationalkonzils, sogar einer Sondertagung des Reichstags debattiert, um endlich zu einem »Vergleich« in den strittigen Religionsfragen zu gelangen. Doch die Mainzer waren diesmal einer Meinung: Eine auf Teilnehmer aus dem Reich begrenzte Debatte führe nicht zum Erfolg.

Das Jahr 1545 war von Anfang an für Albrecht von noch unerquicklicheren Auseinandersetzungen mit dem Domkapitel überschattet. Es ging um hohe Schulden und um Albrechts Erbe. In einer Sitzung am 23. September errechneten die Herren des Domkapitels, dass Albrecht dem Hochstift 23 000 Floren zu erstatten habe. Der Wert seiner Hinterlassenschaften, silberner Gegenstände und vieler Kleinodien, betrage aber nur 21 000 Floren. Und noch nicht beglichen seien auch die Kosten des Konzils und für die Teilnahme am Reichstag. Für den schwer Erkrankten fand das Jahr ein frühes Ende. Er starb am 24. September in der Marienburg zu Mainz, fünf Monate vor Martin Luthers Tod.

Die Domkapitel von Halberstadt und Magdeburg präsentierten einige Wochen später dem mainzischen Hochstift noch offene Rechnungen geradezu sensationellen Ausmaßes: 536 000 Gulden. Schuldenausgleich betrieb das Mainzer Kapitel nach einem Beschluss vom 6.Februar 1546: Die meisten Reliquiare und vor allem der Schmuck Albrechts wurden versteigert bzw. verkauft, viele Edelsteine und Perlen gesondert. Um der höheren Preise willen, waren sie aus den Fassungen herausgebrochen worden. Metallenes wurde eingeschmolzen, in Gold oder Silber, auch vergoldete Gegenstände. Am 16. April erklärten die Mitglieder des Domkapitels, auf diese Weise seien insgesamt 40 Goldmark (etwa 9,07 kg) und 586 Silbermark (132,9 kg) zusammengekommen, ein Wert von 143 000 Gulden.

In den vergangenen Jahren war eine gewaltsame Klärung der Konfessionsfrage immer wahrscheinlicher geworden. Obwohl von Kaiser Karls V. Geheimabmachungen nichts nach außen gedrungen war, gelangten im August 1546 an einige Fürstenhöfe Notizen darüber, dass sich Kaiser und Papst verständigt hätten, die Spaltung der Religion nicht länger zu dulden und den fürstlichen Ruhestörern endlich das Handwerk zu legen. Nur wenige Monate später kam es zum »Schmalkaldischen Krieg«, den die Kaiserlichen 1547 für sich entschieden – mit protestantischer Unterstützung des nun als Herzog von Sachsen in Dresden amtierenden Moritz, der als vierzehnjähriger Zögling das Jahr 1533 zur Vorbereitung auf ein hohes geistliches Amt an Albrechts Residenz zu Halle verbracht hatte. Damals war es unwahrscheinlich, dass der Sohn Heinrichs, des Bruders Herzog Georgs, jemals an die Spitze des albertinischen Herzogtums gelangte. Heinrich hatte sich mit einem begrenzt eigenständigen kleinen Herrschaftsanteil, dem »Freiberger Ländchen«, begnügen müssen. Aber nach dem Tode auch des zweiten und letzten Sohnes Herzog Georgs trat ein, was der Dresdener Regent unbedingt hatte verhindern wollen: Sein Bruder Heinrich, nun rechtmäßiger Erbe, vollzog nach Herzog Georgs Ableben die lutherisch-reformatorische Wende im gesamten Herzogtum. Er amtierte nur zwei Jahre. In seiner Nachfolge wurde sein Sohn Moritz in den nur zwölf Jahren seiner Herrschaft zu einem der bedeutendsten Gestalter des »tollsten aller bisherigen Zeitalter«: Er schuf auf seine Weise die Voraussetzungen für einen 1555 zu Augsburg besiegelten Vertrag über einen »Religionsfrieden«.

Albrechts »Höllenpfuhl«

In einem Schreiben an Albrecht Anfang Dezember 1521 beklagte sich Martin Luther darüber, dass der Erzbischof immer häufiger Priester maßregeln ließ, die sich vom Zölibat gelöst hatten. Er messe wie viele andere Kirchenobere mit zweierlei Maß. Er dürfe seine Priester nicht dessen berauben, was auch ihnen Gott gegeben habe. Kleriker, die sich, um Unkeuschheit zu meiden, in den ehelichen Stand begeben, möge er in Frieden lassen. Sonst werde »ein Geschrey sich aus dem Evangelio erheben und sagen, wie fein es den Bischöfen anstünde, dass sie ihre Balken zuvor aus ihren Augen rissen«, und billig wäre, »dass die Bischöfe zuvor ihre Hurn von sich trieben, ehe sie fromme Eheweiber von ihren Ehemännern scheideten«.

Mit der Frage, was von den Gerüchten über sein »unfrommes Leben« zu halten sei, wandte sich

Der Kardinal vergnügt sich, Detail des »Göbel-Brunnens«.

schließlich gegen Ende des Jahres 1526 auch Sachsens sittenstrenger, dem »alten Glauben« treuer Herzog Georg an den Träger des hohen geistlichen Amtes. Albrecht zögerte nicht mit der Antwort: Leider werde ihm nachgesagt, er führe »mit geystlichen und etlichen Personen« ein unzüchtiges Leben. Er sei sich keiner Schuld bewusst, erfreue sich seines guten Gewissens. »Gott, dem nichts verborgen bleibt«, werde dies auch bestätigen können. Er log nicht, denn seine damalige Konkubine – vermutliche, muss man allerdings sagen – gehörte keinem Kloster an und war auch nicht verheiratet.

Für weltliche Reichsfürsten seien intime Beziehungen dieser Art etwas Selbstverständliches, nämlich eine »alte burggrafische Gewohnheit«, hatte Albrechts Großvater, der brandenburgische Markgraf Albrecht »Achilles«, betont. Aber auch schätzungsweise mindestens 20 % aller hohen Geistlichen pflegten um 1500 dieses Althergebrachte. Luther behauptete sogar, dass die Bischöfe seiner Zeit allesamt »Hurenwirte« seien. Spätere Auswertungen der dokumentarischen Belege ergaben: Zwischen 1449 und 1553 wurden Abkömmlinge der 117 Bischöfe und 238 Äbte von der für derartige »Ordnungswidrigkeiten« zuständigen Behörde des Apostolischen Stuhls legitimiert, nachdem die Erzeuger die Verstöße gegen die normativen Erfordernisse ihres Standes durch eine entsprechende Zahlung »beglichen« hatten. Immerhin waren darunter 72 deutsche Kirchenfürsten. Auch der Vorgänger Albrechts von Brandenburg im Amt des magdeburgischen Erzbischofs, der Wettiner Ernst von Sachsen (1476-1513), hatte zwei uneheliche Töchter. Und was die Reformation unter den Geistlichen des Naumburger Stifts auch bewirkte, konstatierte im Jahre 1550 dessen wiedereingesetzter Bischof Julius Pflug in einem Bericht an die Kurie: Alle seine Priester und sogar mehrere Domherren lebten inzwischen nicht mehr zölibatär.

Wittenberger Mitstreitern Luthers blieb Herzog Georgs Briefwechsel mit Albrecht nicht verborgen. In ihren Kreisen spöttelte man, der Erzbischof habe die sittenstrengen Vorhaltungen des Dresdener Herzogs sicherlich mit den Worten bedacht, nun werde er sich doch lieber von Luther reformieren lassen. Schon Ende 1521 hatte »der vermessen monich« seinen Erzbischof aufgefordert, in den Ehestand zu treten. Er selbst habe sich entschlossen, ihm dabei voranzugehen. Doch für Albrecht war das kein Thema. In den folgenden Jahren war allerdings immer öfter davon die Rede, eine Bäckerstochter namens Ursula Riedinger, mit Albrecht seit seiner Mainzer Domherrenzeit in engem Kontakt, sei Geliebte des Kardinals. Am 2.Juni 1525 gab Luther seinem Oberhirten noch einmal den Rat, in den christlichen Ehestand zu treten. Er selbst habe sich entschlossen, dem Erzbischof »zum Exempel vorherzutraben«. Er werde die »lästerliche«, stets mit der Gefahr der Unkeuschheit verbundene zölibatäre Zurückhaltung aufgeben und heiraten.

Die Überraschung im Hochzeitshaus des Bruders Martinus war groß, als Albrecht dem Paar 20 Gulden überbringen ließ, ein Geschenk, das der Bräutigam zurückweisen wollte, dann aber doch akzeptierte, da seine Braut meinte, es sei eine versöhnliche Geste. Jahrzehnte später ärgerte sich Luther darüber, dass er sich von seinem Bischof habe das Maul schmieren lassen. Er hatte von ihm eine weltliche Sicht auf die Geschehnisse im Reich erhofft, ihm sogar geraten, es seinem Vetter Albrecht von Brandenburg-Ansbach gleichzutun. Der Hochmeister, Regent des Ordenslandes Preußen, hatte nach mehrjährigen, aber von kriegerischen Auseinandersetzungen gestörten Verhandlungen gerade erst seinem Onkel, dem polnischen König Sigismund I., zu Krakau den Lehenseid geschworen, nachdem der polnische Herrscher der päpstlichen Seite mitgeteilt hatte, dass sie es versäumt habe, einen schon vor Jahren abgelaufenen Vertrag über das ihr zu Lehen gegebene Ordensland zu erneuern. Der Hohenzoller hatte reinen Tisch gemacht, indem er seinen Herrschaftsbereich zum weltlichen Herzogtum erklärte und Königsberg zur Residenz erhob. Er löste sich auf diese Weise endgültig von Rom, machte sein Land lutherisch evangelisch. Sein Vetter Albrecht, der zweitmächtigste Fürst des Reiches, war jedoch nicht der Mann für einen Staatsstreich. Der Primas Germaniae liebte das Zurschaustellen hoher geistlicher Würde. Es war seine Methode, der von Wittenberg ausgehenden Reformation entgegenzusteuern. Seine Hauptresidenz befand sich deshalb zwei Jahrzehnte lang in unmittelbarer Nähe seiner ärgsten Widersacher, in dem zu seinem Erzbistum Magdeburg gehörenden Halle an der Saale.

Schon einige Jahre nach Beginn seines Wirkens in Halle wurde behauptet, aus den Gewölben seiner Residenz Moritzburg führe ein geheimer Gang in den »Kühlen Brunnen«, in den auf dem Gelände der ehemaligen Lampertikapelle am Markt neu errichteten Bürgerpalast seines Bau- und Beschaffungsexperten, des Kaufmanns Hans von Schenitz (auch: Schantz, Schönitz), damit der Kirchenfürst heimlich zu seiner Konkubine gelangen konnte. Nicht einmal Spuren eines derartigen Schleichweges hat man später auffinden können – trotz eifriger Bemühungen um die Enthüllung dieses »Höllenpfuhls«.

Einer sehr fraglichen Affäre, immer wieder auch zu phantasievollen Storys verarbeitet, begegnet der Besucher Halles bei einem Gang durch das Zentrum: an dessen Rand, am Hallmarkt, in der von Professor Bernd Göbel gestalteten Brunnenanlage. Neben anderen Plastiken ist hier in einer Figurengruppe die Bronzegestalt des Kardinals unübersehbar, statt der Mitra mit gesträubten langen Haaren, wie er sich – nun in aller Öffentlichkeit – mit einer »Gespielin« vergnügt. Es soll eine italienische Sängerin gewesen sein, und das Gerede darüber hat erstmalig im Jahre 1747 der Hallenser Historiker Dreyhaupt zu Papier gebracht. Der Kardinal habe seinen Vertrauensmann Hans von Schenitz in Angelegenheiten, die das Hochstift betrafen, nach Rom entsandt und ihm außerdem den Auftrag erteilt, ihm eine weitbekannte italienische Sängerin mitzubringen. Wie der Chronist zu berichten weiß, soll Schenitz »aber sich mit derselben unterwegen zu gemein gemacht, und solche Vertraulichkeit nachher fortgesetzet haben, welches ein Schalcks-Narr, in dessen Gegenwart er sich nicht gescheuet, die Sängerin zu küssen und ihr in den Busen zu greifen, dem Cardinal verrathen, welcher beyde darüber zur Rede gesetzet, und als sie alles mit vielem Vermessen verläugnet, sonderlich Schönitzen hart verwarnet, dieser aber sich nicht daran gekehret, sondern seinen vertrauten Umgang mit der Sängerin fortgesetzet. Da sie denn der Cardinal in Person belauret, und sie nicht allein in flagranti angetroffen, sondern auch gehöret, wie spötlich Schönitz von ihm zu der Sängerin gesprochen, darauf er ihn sogleich auf der Moritzburg in Arrest nehmen, nach Giebichenstein bringen und den Prozeß formiren lassen.« Die »allerschönste Stimme aus dem Abendland«, wie in einer heutigen Schilderung über die Begebenheiten um den »Justizmord in Halle« zu lesen ist, gehörte einer Belina Mazzarotti aus Mailand. Es verwundert, dass trotz intensiver Nachforschungen nirgendwo nachgewiesen werden konnte, dass es sie überhaupt gegeben hat.

Noch heute werden Albrecht sieben »geheime Verhältnisse« nachgesagt. Aber schon das erste, in das sich der junge Brandenburger als Bewerber um die Aufnahme in den Kreis der Mainzer Domherren während seines »Pflichtjahres« verstrickt habe, sei allgemein bekannt gewesen, geht aus einer Studie hervor, die 1980 erschien. Der Renaissancefürst auf dem Mainzer Bischofsthron habe auf mehreren Altarbildern sich selbst als Heiligen und seine Geliebte als Heilige malen lassen und seine Zeitgenossen hätten dies auch als etwas Selbstverständliches wahrgenommen. Doch einen ersten Beleg dafür, dass es diese Verbindung überhaupt gegeben haben kann, stammt erst aus dem Jahre 1800. Der Mainzer Heimatforscher Bodmann versuchte Kunstschätze zu retten, die französische Besatzungssoldaten auf den Marktplatz warfen, nachdem sie den Dom zum Pferdestall und Lazarett gemacht hatten. Was zu versteigern war, wurde rasch zu Geld gemacht; fand sich bei dieser Säkularisation kein Käufer, wurde es zerstört. Zu einem der zum Verkauf angebotenen Bilder, es zeigte die heilige Ursula, notierte Bodmann: »Rehdingerin A. 1524. Concubina Alberti Card.«

Die Notiz fand besondere Beachtung, da auch die zu dem Altarbild gehörige Darstellung des heiligen Martin wiedergefunden worden war und man auf dessen Antlitz markante Gesichtszüge Albrechts zu entdecken meinte. Auch auf zwei anderen erhalten gebliebenen Doppelbildern, die später wieder auftauchten, hatten sich beide verewigen lassen, Albrecht in der Rolle des heiligen Erasmus und die »Rehdingertochter« als heilige Ursula einmal sogar mit sehr persönlicher Beigabe, mit einem Halsband mit den Buchstaben O M - V I - A (Vergils Worte: Omnia vincit Amor), »Alles besiegt Amor«.

Dem Heimatforscher müssen Klatschereien über eine Ursula Rehdinger bekannt gewesen sein. In Joseph Hellers »Lucas Cranch's Leben und Werk« (1821) ist dann auch von einer Ursula die Rede, deren Vater namens Redinger eine Bäckerei ganz in der Nachbarschaft der Bleibe des jungen Albrecht gehabt habe. Dokumentieren ließ sich die Existenz dieser Familie aber bis heute nicht. Behauptet wurde, Luther habe von Albrechts Verhältnis mit der Bäckerstochter gewusst und ihm deshalb in seinem Brief im Dezember 1521 den Rat erteilt, zu heiraten. Und sein »Sendschreiben« des Jahres 1539 »Wider den Bischof zu Magdeburg Albrecht Cardinal« schien das ins Gerede Gekommene zu untermauern: »Hab ichs doch nicht erdicht, daß er seine Hurn läßt in Särgen, als Heiligthum, mit Kerzen und Fahnen in sein Hurenhaus Moritzburg tragen...« Tatsächlich verzeichnet das Hallesche Heiltumbuch des Jahres 1520 einen gläsernen Schrein, ein Reliquiar, das Albrecht für seine kostbare Sammlung in Auftrag gegeben hatte, zum Bewahren einiger Knochen der Jungfauen Margarethe und Juliane aus dem Gefolge der Kölner Märtyrerin Ursula, die er zur Schutzpatronin seines neuen Halleschen Stifts erhob. Im märchenfreudigen 19. Jh. wurde daraus eine »Schneewittchengeschichte«: In einem gläsernen Sarg, der in der Hallenser Stiftskirche zu »hohen festenn« im Chor präsentiert wurde, habe Albrecht seine Ursula nach ihrem Tode bestatten lassen. (Der Sarkophag, auf vier erzenen Säulen, befindet sich heutzutage in der Aschaffenburger Stiftskirche.)

Albrecht hatte den gläsernen Sarg für seine Reliquiensammlung anfertigen lassen, damit in ihm knöcherne Relikte der heiligen Jungfrauen Margarethe und Juliane aus dem Gefolge der britischen Königstochter Ursula bewahrt wurden. Mit ihrer Herrin und acht Gefährtinnen waren sie im 10. Jh. auf dem Rückweg von einer Rom-Wallfahrt in der Nähe von Köln von einer Hunnenschar überfallen und getötet worden.

Die Knochenreste wurden an einer hölzernen Figur angebracht, die Gestalt von Schleiern umhüllt, das Haupt golden umflort. Im Jahre 1865 äußerte ein Mainzer Albrecht-Forscher die Vermutung, man habe, um den immer wieder aufgefrischten Behauptungen der Lutheraner den Boden zu entziehen, die Leiche der »Redingerin« entfernt und »die gegenwärtige Figur componirt und eingelegt«. Da man die Begleitnotiz des Heimatkundigen aus dem Jahre 1800 zu dem einen Bild immer wieder zum Anlass nahm, auf anderen aus Albrechts Wirkungsstätten eine Ursula Rehding zu identifizieren, auch wenn ihr nicht die Rolle der heiligen Ursula übertragen war und sie als Margarethe oder Juliane posierte, fand man nichts mehr dabei, Albrechts angebliche Geliebte mit einem diese drei Namen zu versehen.

Konnte man sich da noch zurechtfinden?! Innerhalb von nur vier Jahrzehnten erschlossen Albrechts Spurensucher mehrere Varianten der Schreibweise des Nachnamens: Re(h)dinger, Riedinger, Rüdinger.

Einer der beharrlich forschenden Biographen des Mainzer Erzbischofs behauptete im Jahr 1884, Ursula Rehdinger sei erst 1536 gestorben; die Jahreszahl sei am Podest zu erkennen, auf dem der Sarkophag ruht. Tatsächliches schien man auch im 19. Jh. nur sehr zögerlich zur Kenntnis zu nehmen, denn bereits im Oktober 1880 hatte das Mainzer Domkapitel eine ärztliche Überprüfung der Relikte veranlasst, die die hölzerne Nachbildung des Skeletts vervollständigen. Dem ausgehenden 10. Jh. entstammen sie nicht, sie waren bedeutend jünger. Zudem erwiesen sie sich als die einer sehr jungen weiblichen Leiche. Weitere Untersuchungen ergaben, dass es Überbleibsel eines 12- bis 16-jährigen Mädchens sind.

Auch andere »Enthüllungen« entstammen dem seit Menschengedenken unüberschaubaren Arsenal der Klatschgeschichten: »Anekdotisches« in einer Mainzer Schrift des Jahre 1846 bringt Albrecht mit Käthchen Stolzenfels, Tochter eines Waffenschmieds, in konkubinäre Verbindung, dann auch mit einer Bäckerstochter Ernestine Mahandel und einer Maria von Gemmingen. Es gibt keinen Beleg dafür, dass es diese Personen überhaupt gegeben hat.

Aus zwei eheähnlichen Bindungen machte Albrecht kein Geheimnis. Abkömmlinge weltlicher Herrscherhäuser pflegten ihren herkömmlichen Lebensstil, auch wenn sie ein geistliches Amt ausübten. Seine erste Lebensgefährtin Elisabeth (Leys) Schütz hatte er bereits 1510 oder 1511 kennengelernt, in der Zeit seiner Residenzpflicht als Bewerber um ein geistliches Amt. Sie starb aber schon 1527, hinterließ ihm eine Tochter namens Anna. Er sorgte für sie, verheiratete sie in Halle mit seinem Sekretär Kirchner.

Für eine Frankfurter Bürgerstochter, die Witwe Agnes Pless, ließ Albrecht den erzbischöflichen Tiergarten vor der Aschaffenburger Stadtmauer im Jahre 1530 um einen Küchengarten erweitern und ihm eine klosterähnliche Behausung anschließen, in der Witwen und alleinstehende unverheiratete Frauen ein geordnetes, behütetes Leben führen konnten. Er ernannte seine Geliebte zur Äbtissin dieses »Beginenklosters«. Um sich in Halle mit ihr zu treffen, bedurfte es keines geheimen Tunnels. Sie bewohnte in der Stadt ein eigenes Haus. Die Hallenser wussten das. 1540 verkaufte sie es, da Albrecht gezwungen war, seine Residenz aufzugeben. In der Nähe seines Aschaffenburger Schlosses ließ sie sich 1542 nieder. Auch in den letzten Stunden ihres Lebensgefährten auf der Mainzer Moritzburg stand sie dem Schwerkranken bei.

Nach seinem Tode am 24.September 1545 ließ das Domkapitel sie verhaften. Es ging um Geld, um Albrechts »Zuwendungen« an »Cleinoth vnd Ornata«. Man nahm ihr alles, was sie bei sich hatte und was sich in ihrem Aschaffenburger Heim befand, auch »brieve vnd siegel vber yre Zinse vnd Renthe«, die sie in Halle, Leipzig, Nürnberg und Frankfurt a. M. deponiert hatte. Nicht einmal ihr Hinweis fand Beachtung, sie habe Albrecht auf dem Landtag zu Calbe 1 000 Taler geliehen und noch nicht zurückbekommen. Sie beteuerte, ihren umfangreichen eigenen Besitz nur mit eigenen Geldern erworben zu haben. Erst nach zwei Monaten kam sie frei. Bald darauf forderten auch noch Vertreter des Magdeburger und Halberstädter Episkopats, dass sie für Albrechts Schulden mithafte. Trotz dieser Ausplünderung vermochte sie noch in ihremTestament, zu dessen Vollstrecker sie Hessens Landgraf Philipp bestimmt hatte, den hessischen Spitälern 4 000 Gulden zu überlassen. Sie starb am 4.März 1547, sechs Wochen nach ihrer Hochzeit mit einem hessischen Adligen.

Mit ihrem moralischen Rigorismus hatten Luther und seine Getreuen erhofft, die konkubinäre »Unzucht« auszurotten. Was aber sollten Luther und Melanchthon dem hessischen Landgrafen Philipp im Jahre 1540 raten, als er ihnen aus zweifellos tiefster Gewissensnot gebeichtet hatte, dass er eine Geliebte habe. Seine Ehefrau, ihm angetraut wegen der für seine und die albertinisch-sächsische Dynastie bedeutsamen erbrechtlichen Bindungen, habe nichts dagegen, sie gestatte das sogar. Er aber empfinde es als unchristlich, die Geliebte zur Konkubine zu machen. Sei nicht, wie im Alten Testament geschildert, eine Ehe mit zwei Frauen auch gottgefällig und rechtens, sofern die Erstangetraute damit einverstanden sei? Seine Gattin Christina habe einer Nebenehe mit der 17-jährigen Margarethe von der Saale bereits zugestimmt. Die Unebenbürtigkeit der Partnerin habe er deshalb vertraglich aufbessern lassen. Kein Wunder, dass Luther und Melanchthon diese Planung nicht normal fanden. Erst nach Monaten, nach langem Hin und Her bei den Erwägungen der im Alten Testament erwähnten polygamen Bindungen, gaben sie Philipp den Rat, die Ehe zur linken Hand, ad morganaticum, »zu bloßer Morgengabe«, in christlichem Sinne zu wagen, sie aber mit Rücksicht auf die weltlichen Gesetze geheimzuhalten. Ihr engster fürstlicher Verbündeter riskierte immerhin die Todesstrafe. Auf die Dauer geheimzuhalten war das »Verbrechen« nicht. Auch an Fürstenhöfen wurde getratscht. Schon die ersten Munkeleien von Hof zu Hof erreichten auch die Räte des Kaisers. Die Gelegenheit, den mächtigsten fürstlichen Verbündeten des protestantischen Schmalkaldener Bundes »lahmzulegen«, ließen sie sich nicht entgehen. Am 13. Juni 1541 unterzeichnete Philipp einen Sondervertrag, nachdem ihm der Kaiser zu verstehen gegeben hatte, dass er nur mit einer ihm freundlich zugestandenen Ausnahmeregelung der Reichsacht entgehe.

Quellenverzeichnis

Bernhart, Joseph: Der Vatikan als Weltmacht. Geschichte und Gestalt des Papsttums. Leipzig 1930

Bock, Helmut/Thoms, Marianne: Unter dem Regenbogen. Historische Porträts zur deutschen frühbürgerlichen Revolution. Leipzig/Jena/Berlin 1989

Braun, Hermann Josef: Albrecht von Brandenburg (1490 – 1545). Erzbischof und Kurfürst in einer Epoche des Umbruchs. In: Felten, Franz J.: Mainzer (Erz-) Bischöfe in ihrer Zeit. Stuttgart 2008

Engel, Evamaria/Holtz, Eberhard: Deutsche Könige und Kaiser des Mittelalters. Leipzig/Jena/Berlin 1989

Gronau, Dietrich: Luther, Revolutionär des Glaubens. Kreuzlingen/München 2006

Hoffmann, Carl A./Johanns, Markus/Kranz, Annette/Trepesch, Christof/Zeidler, Oliver (Hrsg.):Als Frieden möglich war. 450 Jahre Augsburger Religionsfrieden. Regensburg 2005

Kampfmann, Philipp: Albrecht von Brandenburg. Hauptseminar: Soziale Ursprünge und religiöse Wurzeln des frühen deutschen Konservatismus. Rheinische Friedrich-Wilhelm-Universität. Bonn 2000; Archivnummer V 96 931; ISBN (E-Book) 978-3-638-09606-5

Köhler, Walther (Hrsg.): Erasmus von Rotterdam. Briefe. Erweiterte Neuausgabe: Andreas Flitner. Bremen o. J.

Kötzschke. Rudolf/Kretzschmar, Hellmut: Sächsische Geschichte. Augsburg 1995

Ludolphy, Ingetraut: Friedrich der Weise. Kurfürst von Sachsen (1463 – 1525). Leipzig 2006

Lück, Heiner: Der Fall Schenitz; kein Justizmord. Texte zur Ausstellung im »Kühlen Brunnen«. Halle an der Saale 2006

Marx, Harald/Kluth, Eckhardt: Glaube und Macht. Sachsen im Europa der Reformationszeit. Katalog. Dresden 2004

Merkel, Kerstin: Albrecht und Ursula. Wanderung durch Literatur und Legendenbildung. In: Tacke, Andreas (Hrsg.) »...wir wollen der Liebe Raum geben«, Göttingen 2006

Menzhausen, Joachim: Kulturlandschaft Sachsen. Dresden 1999

Raßloff, Steffen: Geschichte der Stadt Erfurt. Erfurt 2012

Roesgen, Manfred: Albrecht von Brandenburg. Ein Renaissancefürst auf dem Mainzer Bischofsthron. Moers 1980

Rettinger, Elmar: Friedrich Nausea als Domprediger in Mainz (1526 – 1534). In: Institut für Geschichtliche Landeskunde an der Universität Mainz e.V. 2001 – 2013

Sandrart, Joachim von: Teutsche Academie der Edlen Bau-, Bild- und Mahlerey-Künste. Nürnberg 1994 (Bände 1 – 3); Nachdruck der Ausgabe Nürnberg 1675 – 1679

Schauerte, Thomas/Schneider, Katja/ Tacke, Andreas (Hrsg.): Der Kardinal. Albrecht von Brandenburg, Renaissancefürst und Mäzen. Band 1: Katalog; Band 2: Essays. Regensburg 2006

Schirrmacher, Friedrich Wilhelm: Albrecht, Markgraf von Brandenburg. In: Allgemeie Deutsche Biographie Bd.1. Leipzig 1875

Schmidt, Georg: Die Beziehungen der protestantischen Reichsstände zum Reichserzkanzler im 16. Jahrhundert. In: Hartmann, Peter Claus (Hrsg.): Kurmainz, das Reichserzkanzleramt und das Reich am Ende des Mittelalters und im 16. und 17. Jahrhundert. Geschichtliche Landeskunde Bd. 47. Stuttgart 1998

Seidel, Christina/Wünsch, Kurt: Ein Justizmord zu Halle. Die Rache des Kardinals. Halle 2006

Straubel, Rolf/Weiß, Ulmann: Kaiser – König – Kardinal. Deutsche Fürsten 1500 – 1800. Leipzig/Jena/Berlin 1991

Tacke, Andreas (Hrsg.): »… wir wollen der Liebe Raum geben«. Konkubinate geistlicher und weltlicher Fürsten. Göttingen 2006

Tacke, Andreas: Kontinuität und Zäsur. Ernst von Wettin und Albrecht von Brandenburg. In: Schriftenreihe der Stiftung Moritzburg, Kunstmuseum des Landes Sachsen-Anhalt Hrsg. Katja Schneider) Bd. 1. Halle/Saale 2003

Tomlin, Graham: Luther und seine Welt. Aus dem Englischen: Gabriele Stein. Freiburg im Breisgau 2007

Ulmann, Heinrich: Sickingen, Franz von. In: Allgemeine Deutsche Biographie. Band 34. Leipzig 1872

Warsitzka, Wilfried: Die Thüringer Landgrafen. Jena/Quedlinburg 2009

http://archiv/ub.uni-heidelberg.de/artdok/1976/1/Tacke_Agnes_Pless_und…

http://de.wikipedia.org/Ernst_II._von_Sachsen

http://de.wikipedia.org/wiki/Das_tolle_Jahr_von_Erfurt

http://de.wikipedia.org/wiki/Gemeinsame_Erklärung_zur_Rechtfertigungslehre

http://de.wikipedia.org/wiki/Hallescher_Dom

http://de.wikipedia.org/wiki/Joseph_Bernhart
http://de.wikipedia.org/wiki/Julius_von_Pflug
http://de.wikipedia.org/wiki/Justus_Jonas_der_
Ältere
http://.de.wikipedia.org/wiki/Neue_Residenz_
(Halle)
http://de.wikipedia.org/wiki/Subsidiarität (Ideen-
geschichtlicher Hintergrund des Subsidiaritätsprin-
zips)
http://de.wikipedia.org/wiki/Uriel_von_Gem-
mingen
http://de.wikipedia.org/wiki/Werner_von_Epp-
stein
http://de.wikipedia.org/wiki/Wolfgang_Capito
http://genealogischenotizen.blogspot.com/2009/0
3/2-mal-albrecht-von-brandenburg-ansbach.html
www.bistummainz.de/bistum/kardinal/anspra-
chen/ansprachen_2006/albrecht.html
www.ekd.de/reformation-undpolitik/down-
load/20131118_reformation_und_politik.pdf
www.erfurt-web.de/Geschichte_der_Stadt_Erfurt
www.gmx.home.de/arminoechsner/zeitlicher_ab-
lauf_bauernkrieg.html

Bilderverzeichnis:

Archiv des Autors: S. 34, 40, 49, 53, 54, 80, 99, 121,
132
kollegienhof.uni-jena: S. 118
Krahmer, Holger: S. 98, 142, Dom
wikimedia.org/wikipedia/commons: alle anderen

Wie Sachsen Sachsen wurde

»Wir sind Sachsen« sagen »Alteingesessene«. Sie meinen damit nicht nur die Gegend, aus der sie stammen oder in der sie wohnen. Auch Eigentümlichkeiten des Verhaltens, Besonderheiten der Sprache, manche Gewohnheiten und Gebräuche sind »sächsisch«.

Doch seit wann gibt es Sachsen? Wie entstand es – das heutige Sachsen? Seit wann wird das Territorium, auf dem die Sachsen heute leben, mit dem Namen Sachsen in Verbindung gebracht? Die Antworten darauf gibt der Autor in diesem Buch, das damit nahezu zur »Pflichtliteratur« für jeden Sachsen wird.

ISBN 978-3-89772-165-4

Festeinband mit Schutzumschlag
80 Seiten,
19 Abbildungen

Wie Sachsen erwachsen wurde

Zu Leipzig fiel 1485 eine Entscheidung von historischer Tragweite: Ein herrschaftlicher Familien-

sitz wurde »brüderlich« geteilt. Sachsen wurde er-
nestinisch und albertinisch. Wie konnte einem so arg
gerupften jungen fürstlichen Territorialstaat das Er-
wachsensein überhaupt gelingen?

Damals begann eine neue Epoche. An ihren Ereignissen waren alle Stände und auch die »kleinen
Leute« beteiligt. Sachsen erlangte europäische Bedeutung dank seiner wirtschaftlichen und geistig-
kulturellen Entwicklung. Hier wirkten Gelehrte wie
Georg Agricola und Adam Ries, Vordenker einer eu-
ropaweiten reformatorischen Umwälzung wie Martin Luther und Philipp Melanchthon.

Und wer wissen möchte, warum nicht Wittenberg, Torgau oder Weimar Sachsens Residenzstadt
wurde, findet in diesem Buch auch eine Antwort.

ISBN 978-3-89772-183-8

Festeinband mit Schutzumschlag
160 Seiten,
18 Abbildungen

Wie Sachsen mächtig wurde

»Ich gestehe, dass selten ein Zeitalter so toll gewesen ist wie das unsere.« Diese Worte des Erasmus
von Rotterdam begleiten den Leser auf dem
Streifzug durch eine Epoche, in der mutige Reformer Schranken zerbrachen, die einer Modernisie-
rung von Politik, Staat, Kirche und Kultur hinderlich
waren. In den nur zwölf Jahren seiner Regentschaft
wurde aus dem Landesfürsten Moritz von Sachsen
ein »Reichs- und Friedensfürst«. Kursachsen wurde

mächtig und blieb in den folgenden zweieinhalb Jahrhunderten ein Staatsgebilde von europäischer Bedeutung.

Dieses Buch über den ersten »Hercules Saxonicus« rundet das Bild, das sich mit »Wie Sachsen Sachsen wurde« und »Wie Sachsen mächtig wurde« die Leser über die Zeitalter machen konnten, dem geschichtlich einmalige Gestalten wie Friedrich der Weise, Georg der Bärtige, Martin Luther, Thomas Müntzer und Philipp von Hessen das »tolle« Gepräge gaben.

ISBN 978-3-89772-203-3

Festeinband mit Schutzumschlag
160 Seiten,
diverse Abbildungen